新装版

バレエ
キャラクター事典

文／新藤弘子
絵／とよふくまきこ

新書館

ター事典　もくじ

新装版

バレエ・キャラク

バレエをもっと深めたい！

人気のヴァリエーションをチェック★

バレエには、たくさんのキャラクターが登場します
「バレエ・キャラクター事典」は
ヒロインやヒーローはもちろん
その友人や味方、敵役、悪役まで
個性あふれる登場人物の心の声に耳をすませた本です
これを読むと、バレエを見るときも踊るときも
キャラクター１人ひとりの声が聞こえるようになります
そしていつしか、全員の声が
ひとつのハーモニーをかなでていることに気づきます
そのとき、あなたのバレエの世界は
いまよりもっと深く、ゆたかに広がっているんです！

＊この本で紹介する作品の幕の構成は、バレエ団によって異なります

チャイコフスキーの
３大バレエをマスターしよう！

チャイコフスキーの音楽で作られた３つのバレエは
３大バレエとして多くの人に親しまれています
バレエの魅力がぎゅっとつまっているから、何回見ても新鮮！

人気のヴァリエーションをチェック★

「眠れる森の美女」

永遠のお姫《ひめ》様オーロラと、気品あるデジレ王子
夢いっぱいのおとぎの国にはユニークなキャラクターがいっぱい！

淡《あわ》いバラ色のチュチュに身を包《つつ》んで、こぼれるような笑顔で踊るオーロラ姫。シャルル・ペローの童話《どうわ》から生まれた彼女は、様々なバレエのヒロインのなかでも、幸福感《こうふくかん》にあふれたキャラクターです。

長いことわが子の誕生《たんじょう》を待ち望んでいたフロレスタン王と王妃《おうひ》のあいだに、やっと生まれた女の子。宮廷《きゅうてい》じゅうの人々がオーロラ姫の誕生を祝福《しゅくふく》し、妖精たちは「美しさ」「やさしさ」など、すばらしい女性になるための美徳《びとく》を、ゆりかごのなかの姫にプレゼントします。そして16才の誕生日、美しい乙女《おとめ》に成長したオーロラ姫は、人々のあたたかい祝福を受けますが、悪の妖精カラボスの紡《つむ》ぎ針に指を刺《さ》されて、１００年の眠りにつくことになります。

オーロラ姫

オーロラ姫の性格をひとことでいえば、素直で明るい、ポジティブな女性。だれからも愛されて育った彼女は、おそれやねたみ、疑いといった、ネガティブな感情とは無縁《むえん》です。カラボスが差しだす悪意《あくい》のこもった針を、（花束《はなたば》などにかくされていることもありますが）かんたんに受け取ってしまうのもそのせいでしょう。

けれどカラボスの悪意も、姫をほんとうに傷つけることはできません。善《ぜん》の妖精《ようせい》であるリラの精といばらの森に守られて、オーロラ姫はやすらかに眠りながら、王子がやってくるのを待ち続けます。

プロローグでは生まれたばかりの赤ちゃんだったオーロラ姫が、はじめて本格的に観客の前に登場するのは、第１幕のローズ・アダージオと呼《よ》ばれる場面。４人の求婚者《きゅうこんしゃ》たちに囲《かこ》まれて、華《はな》やかな踊りを披露《ひろう》します。第2幕ではリラの精が見せる幻《まぼろし》として王子の前に現れ、第3幕の結婚式《けっこんしき》では、居《い》合《あ》わせるすべての人々の祝福を浴《あ》びながら、王子とグラン・パ・ド・ドゥを踊ります。

『眠れる森の美女』が成功するかどうかは、オーロラ姫を踊るダンサーの魅力にかかっているといっても言いすぎではありません。豪華《ごうか》なディヴェルティスマンも登場人物も、すべてオーロラ姫を祝福し、輝《かがや》かせるためにあるのですから……。

気品のある容姿《ようし》、確実なバランス、ポーズの美しさなど、オーロラ役のダンサーに求められるものはたくさんありますが、なかでも大切なのは、健康で自信に満《み》ちた表情や、のびのびとした明るさ、おおらかさではないでしょうか。これらは最高のコンディションで舞台にのぞんで、はじめて表現できるもの。とても基本的なことだけれど、オーロラ姫になる練習は、ふだんの生活やレッスンのときから始まっているといえるかもしれません。

マリウス・プティパの振付けたバレエのなかでも、もっとも豪華な作品といわれる『眠れる森の美女』は、1890年、マリインスキー劇場で初演されました。シャルル・ペローの童話をもとにしたストーリーは親しみやすく、チャイコフスキーの甘《あま》く美しい音楽にのってくり広げられる踊りは、どれをとっても楽しさにあふれています。オーロラ姫とデジレ王子はもちろん、たくさんの妖精たち、赤ずきんと狼《おおかみ》や長ぐつをはいた猫《ねこ》など、だれもが知っているお話の主人公をバレエで見られるなんて、それだけで胸がワクワクしてしまいますよね。

上演時間も長く、たくさんのダンサーと華やかな衣裳、大がかりな美術が必要なこの作品は、もっとも上演するのがたいへんなバレエともいわれてきました。様々な改訂版《かいていばん》のなかには、踊りを少なくしたり、場面をカットしたりしたものもありますが、1999年にマリインスキー劇場バレエでプティパの初演版の復元上演《ふくげんじょうえん》が試《こころ》みられるなど、現在はふたたび原典《げんてん》の魅力《みりょく》を見直す気運《きうん》が高まっているようです。

デジレ王子

デジレ王子、バレエ団によってはフロリムント、チャーミングなどという名前でも呼ばれる王子様。『眠れる森の美女』第2幕は、この王子の登場から幕を開けます。

オーロラ姫が眠りについてから１００年目のある日、貴族《きぞく》たちと狩《か》りをしにやってきた王子は、森のなかで不思議な思いにとらわれます。すると王子の前にリラの精が現れ、「あの城のなかに、あなたがめざめさせてくれるのを待っている人がいるのです」と知らせます。

オーロラ姫の幻にすっかり心を奪《うば》われた王子は、リラの精に導《みちび》かれて城へと向かい、眠るオーロラ姫のくちびるにそっとキスします。その瞬間《しゅんかん》カラボスの呪《のろ》いは破《やぶ》られ、城じゅうの人々が目をさまします。

デジレ王子がオーロラ姫をめざめさせるのは決してぐうぜんの出来事ではなく、運命で定められていたのでしょう。リラの精はプロローグでそのことを予言《よげん》しますし、ペローのお話には、王子が通ると自然にいばらが道を開いたとあります。

これほど待ち望まれて登場し、輝くように美しいオーロラ姫と結婚するデジレ王子ですから、この役を踊るダンサーには、だれもが納得する気品と風格《ふうかく》、踊りのテクニックがそなわっていることが絶対条件。王子役のなかでも、とくにハードルの高い役といえるかもしれません。

１８９０年の初演でこの役を踊ったパーヴェル・ゲルトは、すでに40代のベテラン・ダンサーで、当時の振付はマイムが中心で、新しくソロがつけ加えられるなどして見せ場が増えたのは、20世紀に入って男性ダンサーの踊りに注目が集まるようになってからのことです。

第2幕の登場と、不思議な予感《よかん》にとらわれる場面では、気品のある身のこなしと微妙《びみょう》な心の動きの表現が見どころ。踊りでは、オーロラ姫とリラの精を相手に踊る幻影《げんえい》の場、第3幕の結婚式でのグラン・パ・ド・ドゥなどが大きな見せ場です。

カタラビュット

プロローグで、オーロラ姫の誕生祝いの準備におおわらわの式典長《しきてんちょう》カタラビュット。忙《いそが》しそうに招待客のリストに目を走らせ、ぬかりはないか確《たし》かめます。

何度もそうやって確かめたはずなのに、カタラビュットはこともあろうに、あの恐《おそ》ろしいカラボスを招待するのを忘れてしまいました！　気がついたときはもう、怒《いか》りをふつふつとたぎらせたカラボスが、手下どもの引く車に乗って大広間に入ってくるところだったのです。

カタラビュットはペローの童話には登場しませんが、バレエでは、彼がカラボスを招待するのを忘れたために、オーロラ姫に呪いがふりかかることになってしまいます。怒《おこ》ったカラボスにカツラをとられ、髪の毛までむしられる、かわいそうなカタラビュット……。けれどもその姿は、どことなくおかしみを感じさせます。

第1幕のはじめでは禁《きん》じられた針仕事をする女たちを見つけてあわてたり、バレエ団によっては第3幕の結婚式でも仕切り役を務《つと》めて、最後まで何かと目を引く役。踊る場面こそあまりありませんが、演技力に秀《ひい》でたダンサーが演じます。

王と王妃

フランスのルイ14世の時代を思わせる、華やかな王宮《おうきゅう》に住むフロレスタン王と王妃。長いあいだ待ってようやく生まれた1人娘のオーロラ姫を、とても大切にしています。カラボスが「オーロラ姫は16才の誕生日に、紡ぎ針に指を刺されて永遠の眠りにつくだろう」と予言したため、フロレスタン王は国じゅうの者に針を使った仕事を禁じ、そむいたものは死刑《しけい》にすると宣言します。第1幕のはじめにあるのは、命令にそむいて針仕事をしていた女たちを王が死刑にしようとする場面。オーロラ姫を心配するあまり激怒《げきど》した王は、王妃のとりなしでやっと心をやわらげ、彼女たちを許します。

ペローの童話に出てくる王と王妃は、オーロラ姫が眠りについたとき、2人で城を出てゆきますが、バレエではオーロラ姫といっしょに眠り、100年後にはともにめざめて、姫とデジレ王子の結婚を祝福します。

気品のある容姿と舞台マナーを身につけたダンサーがマイムで演じますが、オーロラ姫の可憐《かれん》さを強調《きょうちょう》するために、背の高い男女が演じることが多いようです。

カラボス

強い魔法《まほう》の力を持つ悪の妖精、カラボス。オーロラ姫の誕生祝いに招かれなかったカラボスは、おそろしげな雷鳴《らいめい》とともに王宮に現れ、姫に呪いをかけます。

「オーロラ姫は美しく成長するだろう。だが糸紡ぎの針が手に刺さったとたん、若くして永遠の眠りにつくことになるだろうよ」

　マイムでの演技が中心のカラボス役は、男性が演じることが多い役としても知られています。手下のネズミたちのあやつる車に乗って姿を現すカラボスは、床《ゆか》までとどく黒っぽいドレスに杖《つえ》をつき、いかにも絵本に出てくる魔《ま》女《じょ》のような姿。いじわるそうに身をかがめてあたりを見回す姿は、どこかユーモラスでありながら迫力《はくりょく》満点《まんてん》です。バレエ団によっては、女性ダンサーが美しい衣裳を着て、冷たく威厳《いげん》のある女王のようなイメージで演じることもあります。

　それにしても、国を挙《あ》げてのお祝いの宴《うたげ》に、カラボスはいったいなぜ招待されなかったのでしょう。

　ペローの童話によれば、年とった妖精が50年以上も塔《とう》から出てこなかったので、死んでしまったか、魔法にかけられているのだと思われたのだそうです。すべての人に祝福される若さにあふれたオーロラ姫と、強い力を持ちながらみんなに忘れられてしまったカラボスは、いかにも対照的《たいしょうてき》ですね。

リラの精

１００年の長い月日にわたって、オーロラ姫をやさしく見守っているリラの精。悪の妖精カラボスに対し、善の妖精のリーダー的な存在として描《えが》かれます。

　カラボスが「オーロラ姫は若くして死ぬだろう」と予言したとき、リラの精は善の妖精たちのなかで1人だけ、まだ贈《おく》りものをしていませんでした。リラの精は贈りもののかわりに呪いをやわらげ、「姫は死ぬのではなく１００年間の眠りにつくだけです」とフロレスタン王夫妻《ふさい》を安心させます。

　やさしいなかにもきっぱりとした態度でカラボスに立ち向かうこの場面は、演技力と風格の見せどころ。第2幕で王子をオーロラ姫の幻に引きあわせる場面でも、こまやかな演技で見る人を物語に引きこんでゆきます。

　初演当時はカラボスと同じようにマイムで演じられる役だったので、衣裳も足首まである長いものでした。現在はリラ（ライラック）の花の色である淡いむらさき色のクラシック・チュチュを着た姿が印象的《いんしょうてき》。プロローグでオーロラ姫の誕生祝いにやってきた妖精たちと踊ったり、第2幕の幻影の場でオーロラ姫と王子のあいだで踊ったりと、踊りの見せ場も多い役になっています。

　物語の鍵《かぎ》となる重要な役なので、テクニック、表現力ともにすぐれたダンサーが踊ります。

善の妖精

生まれたばかりのオーロラ姫に美徳の贈りものをする、5人の妖精たち。もとは「小麦粉」「パンくず」「歌うカナリア」という名前で呼ばれていましたが、あとになって「やさしさ」「元気」「鷹揚《おうよう》」「のんき」「勇気」と、人の性格を表す名前で呼ばれるようになりました。（呼び方は、言葉の訳し方やバレエ団によってちがうこともあります）

バレエのなかで妖精たちは、それぞれの音楽のイメージに合った、短いけれど特徴《とくちょう》のある踊りを披露します。

「やさしさ」の精はゆったりした管楽器《かんがっき》の音色でおおらかに、「元気」の精は小刻《こきざ》みに弾《はず》みながら、「鷹揚」の精は腕をそよぐように動かして優雅《ゆうが》に踊る、といった具合です。

「のんき」の精が、笛《ふえ》を吹くように両手をひらひら動かすところは、もとの名前だった「歌うカナリア」を思いださせます。両手で力強く指さすしぐさをくり返す「勇気」の精の、きっぱりした踊りも印象的です。

ちなみにペローの童話では、6人の妖精がそれぞれ「世界一の美しさ」「天使の心」「優雅な振舞い」「じょうずに踊れること」「うぐいすのように歌えること」「楽器をみごとに演奏できること」をプレゼントすることになっています。

求婚者たち

第1幕、オーロラ姫の16才の誕生日の祝宴《しゅくえん》に登場する、4人の求婚者たち。それぞれシェリ王子、シャルマン王子、フォルチュネ王子、フロール・ド・ポア王子という名前があります。オーロラ姫の最初の大きな見せ場であるローズ・アダージオでは、姫を囲んで優雅な踊りを見せます。

輝くように美しいオーロラ姫にあこがれの目を向け、おたがいに対するほのかなライバル意識をのぞかせる求婚者たちですが、その数が4人というところに、かくされた意味もあるよう。求婚者たちは東の王子、西の王子などと呼ばれることがあるように、東西南北の4つの方位《ほうい》を象徴《しょうちょう》する存在といわれます。そんな彼らに囲まれ、支えられたオーロラ姫は、まさしく世界の中心、というわけなのです。

原典に近い振付では、そろって羽飾《はねかざ》りのついた帽子《ぼうし》にフリルのシャツというヨーロッパ風の衣裳で登場しますが、バレエ団によっては東西南北の国々のプリンスということを強調し、インド風、トルコ風など、エキゾティックな衣裳で登場することも。踊りはオーロラ姫のサポートが中心ですが、華やかな場面をさらに盛りあげるため、主役級のダンサーたちがそろって出演することもあります。

花のワルツ

第1幕で、16才になったオーロラ姫が登場する前に踊られるのが、花のワルツ。優美《ゆうび》な音楽にのって、淡い色の衣裳を着た若い男女が踊ります。花かごや花を編《あ》んで作ったアーチを持ったダンサーたちが登場すると、舞台がふんわりと明るくなり、花の咲き乱れる豪華な庭園《ていえん》に変わったよう。この踊りが美しければ美しいほど、続いて始まるローズ・アダージオへの期待も、どんどん盛りあがってゆきます。

バレエ団によっては少年少女たちも加わって、さらに華やかな雰囲気《ふんいき》をかもし出します。

オーロラ姫の誕生

19世紀に作られた古典バレエのなかでも、もっとも大がかりで華やかな作品といわれる『眠れる森の美女』。ほんとうに、フロレスタン王や王妃の優雅な身のこなしや、登場人物たちのきらびやかな衣裳を見ていると、何世紀も前の王宮にタイム・スリップしたような気分になってきます。

クラシック・バレエの出発点は、17世紀フランスのルイ14世時代に隆《りゅう》盛《せい》を誇《ほこ》った宮廷バレエ。当時のバレエは王侯《おうこう》貴族が自ら踊るもので、音楽や衣裳、装置《そうち》にいたるまで、主役を引きたてるよう最大限の工夫《くふう》がこらされました。ルイ14世の太陽王という呼び名も、踊りの名手として知られた王が、バレエのなかで太陽の役を踊ったことからついたものです。

そうした宮廷バレエにあこがれを抱いていたマリインスキー劇場の支配人フセヴォロジスキーは、ロシア・バレエの豊富な人材と、それまでに積み重ねられた舞台作りの知識や経験を総動員して、ルイ14世の時代を再現するようなすばらしいバレエを作ろうと思いたちます。作曲をするチャイコフスキーにも、ルイ14世時代の作曲家リュリやラモーのようなイメージで、と注文がつけられました。

その音楽にプティパが数々の華やかな振付を行って誕生したのが、この『眠れる森の美女』。1890年の初演以来、様々な改訂版も生まれましたが、だれもが目を見張る華やかな雰囲気は、どのバージョンにも確実に受け継《つ》がれているようです。

宝石《ほうせき》の精

宝石のようにカラフルなチュチュを着たダンサーたちが楽しげに踊る、ダイヤモンド、金、銀、サファイアの精たちの踊り。ペローの童話によると、オーロラ姫の誕生祝いに招かれた妖精たち一人ひとりのために、ダイヤモンドやルビーの飾りのついた純金のスプーンやフォークが用意されていたそうです。第3幕の結婚式で披露されるこれらの踊りは、そんなところから生まれてきたのかもしれません。

金、銀、サファイアの精がそろって踊る場面と、ダイヤモンドの精が踊るソロが交《こう》互《ご》に登場して、華やかな雰囲気を盛りあげます。つま弾《び》くようなかわいらしい音楽でくり広げられる金、銀、サファイアの精の踊りと、アントルシャなど軽やかな足さばきがちりばめられたダイヤモンドの精の踊りが印象的。最後は全員がそろって踊ります。バレエ団によっては一部を男性が踊ったり、カップルが踊ったりすることもあります。

フロリナ＆青い鳥

結婚式で披露されるディヴェルティスマンのなかで、ひときわ目を引くのがこのパ・ド・ドゥ。ほかのゲストたちはみんなペローの童話集の登場人物ですが、フロリナ王女と青い鳥だけは例外です。原作はペローと同じ時代のドーノワ夫人の書いた童話で、継母《ままはは》に高い塔《とう》の上に閉じこめられた王女と、彼女をなぐさめに毎晩飛んでくる青い鳥の物語。青い鳥はほんとうは王子なのですが、魔法で姿を変えられているのです。

　踊りはアダージオ、男女のヴァリエーション、コーダからなる、古典的なパ・ド・ドゥの形式。クラシック・チュチュを着た女性ダンサーと、鳥の羽根をあしらった青いタイツの男性が踊ります。若手の注目されるカップルが踊ることが多いのですが、とくに男性ダンサーの振付には、ブリゼやアントルシャのように軽快《けいかい》な動きがたくさんあり、テクニックの見せ場になっています。

　鳥の歌声を思わせる旋律《せんりつ》にのってしっとりと始まった踊りは、後半になるにつれて盛りあがります。コーダでは2人とも自由になって遠くへ飛びさろうとするかのように、晴ればれした表情で軽やかに踊ります。

長ぐつをはいた猫

オーロラ姫とデジレ王子の結婚式には、シャルル・ペローの童話集のなかから、いろいろな登場人物がお祝いにやってきます。長ぐつをはいた猫もその1人。若くて文無《もんな》しの自分の主人を助けるために、人喰《ひとく》い鬼《おに》をやっつけるなど大活躍《だいかつやく》するかしこい猫ですが、バレエではちょっと勝手がちがうよう。かわいい白い猫にちょっかいを出そうとしては、あべこべにたたかれたりしています。

アーンと猫がなく声を思い出させるメロディや、そのものずばり「猫のパ」という意味のパ・ド・シャ、猫が相手の頭をポカッとたたいたり、ひっかいたりする動きなどが織《お》りまぜられた、遊び心いっぱいの楽しい踊りです。表情ゆたかでユーモア精神にあふれたダンサーにはぴったりでしょう。

赤ずきんと狼《おおかみ》

「赤ずきんちゃん」の物語は、だれでもいちどは読んだことがあるでしょう。おばあさんのところへお菓子《かし》を持ってお見舞いに行く赤ずきんと、彼女を食べたくてたまらない狼のお話ですね。

この赤ずきんと狼も、ペローの童話集にのっているお話の登場人物です。赤いずきんをかぶって小さなバスケットをさげた女性ダンサーを、赤い大きな舌《した》を出した狼の扮装《ふんそう》の男性ダンサーが追いかけます。

最後には手足をばたばたさせる赤ずきんを狼がさらって行ってしまうので、ちょっぴり心配になりますが、もちろんカーテン・コールには2人仲《なか》よく現れるのでご安心を。

このほか「シンデレラ」からガラスの靴を持ったフォーチュン王子とシンデレラが登場し、お話の最後の部分を踊って見せることもあります。またバレエ団によっては、青ひげとその妻《つま》たち、ロバの皮を着た王女など、さらにいろいろな主人公たちが結婚式に姿を見せることがあります。

興味がわいたら、ぜひペローの本も読んでみてくださいね。

ローズ・アダージオ

　第1幕で披露される、オーロラ姫の最初の見せ場。花のように美しい乙女に成長した姫が、彼女に求婚する4人の貴公子《きこうし》たちと踊ります。ローズ・アダージオとは、この踊りのなかでオーロラ姫が求婚者たちからバラの花を受けとるところからついた呼び名。いろいろな古典バレエの見せ場のなかでも、もっとも有名なもののひとつです。

　城のなかから軽やかに走りでてきたオーロラ姫は、愛らしいソロのあと、彼女のまわりに進みでた求婚者たちと、ゆったりした音楽で踊り始めます。16才になったばかりのオーロラ姫は、求婚者たちそれぞれに初々《ういうい》しい笑顔を見せながら、ものおじすることなく自然な態度で踊ります。

　印象的なのは、オーロラ姫が目の前に差しだされる求婚者たちの手を1人ずつ順番にとりながら、アティテュードのポーズを崩《くず》さずに立ち続ける場面。支え手が入れかわる瞬間にも、笑顔でポアントでのポーズをとり続けるオーロラ姫に、観客の視線が集中します。踊りの後半では、アティテュードで立つオーロラ姫の手を取った求婚者が、そのまま彼女のまわりを1周し、姫をオルゴールの人形のようにくるりくるりと回してゆく「アティテュード・アン・プロムナード」と呼ばれる場面も登場します。

　このほかにも、4人の求婚者がオーロラ姫を高くリフトしたり、オーロラ姫が求婚者たちからバラの花を1輪《りん》ずつ受け取りながらきれいな回転を見せたりと、華やかな見せ場がたっぷり。オーロラ姫役のダンサーにとってはたいへん緊張する場面ですが、それだけに成功したときは、観客に大きな感動をあたえることができます。

幻影の場

　第2幕、狩りをするために森へやってきたデジレ王子が、リラの精とオーロラ姫の幻に出会うのがこの場面。森の精たちの群舞《ぐんぶ》とともに、幻想的に踊られます。

　リラの精からオーロラ姫のことを告《つ》げられ、不思議な思いに打たれるデジレ王子。そこへオーロラ姫の幻が森の精とともに現れ、王子は彼女の美しさに心を奪《うば》われます。オーロラ姫と王子は森の精

グラン・パ・ド・ドゥ

第3幕の結婚式でオーロラ姫とデジレ王子が踊る、全幕中もっとも華麗《かれい》な踊り。100年のときをこえて結ばれた2人が、すべての人に祝福されたカップルとして踊ります。この場面のオーロラ姫は、可憐なだけでなく、完成されたおとなの女性の魅力で輝いています。

　アダージオの最初は、おごそかな雰囲気。オーロラとデジレは、おたがいにあいさつするように向き合って深く頭をさげ、様々な美しいポーズを見せます。ローズ・アダージオで見られた、アティテュード・アン・プロムナードもふたたび登場。ピルエットした姫を王子が抱《だ》きかかえるフィッシュ・ダイヴの連続も華やかです。

　王子のヴァリエーションは、力強さのなかにも気品あふれるもの。勇壮《ゆうそう》な音楽で、ジャンプや回転を披露します。豪快《ごうかい》なグラン・ジュテで舞台を1周するマネージュも、最後は王子様らしく端正《たんせい》なポーズで決めます。

　オーロラ姫のヴァリエーションは、様々なテクニックがちりばめられた優美な踊り。ポアントで立ち、腕をしなやかに動かしながら踊る前半はしとやかな女らしさを、スピーディなピルエットとシェネで舞台を回る後半は、健康な力強さを感じさせます。踊る人の個性や魅力がよく表れているせいか、コンクールでもたいへんよく踊られます。

　速い音楽が始まると、いよいよコーダ。2人の踊りも観客の興奮も、最高潮《さいこうちょう》に達します。跳《は》ねるような軽いステップ。ポアントでコマのように回るオーロラ姫。その姫をしっかりサポートするデジレ王子。2人の晴れやかな表情が、明るく幸福な未来が始まることを、人々に告げ知らせているようです。ポアントの姫を王子がぴたりと支えるフィニッシュのポーズも印象的です。

たちの作る列のあいだで踊りますが、踊りが盛りあがろうとするたびに、リラの精がそっと2人のあいだに立つので、王子はますますオーロラ姫への気持ちをかきたてられます。最後に姫の幻は王子の手をすり抜けるように走りさってしまいますが、王子はそのとき、かならずオーロラ姫をめざめさせようと心を決めます。

　この幻影の場は、『白鳥の湖』の第2幕や『ドン・キホーテ』の夢の場のような「白いバレエ」にあたる部分。バレエ団によっては短縮《たんしゅく》されることもありますが、しっとりした魅力にあふれた名場面です。森の精たちのやわらかい雰囲気の群舞や、幻として登場するオーロラ姫の夢見るような表情が、華やかなバレエに深い奥行きをあたえています。

「白鳥の湖」

オデットとオディール…
2人の対照的《たいしょうてき》なキャラクターが印象的《いんしょうてき》な物語には
魅力《みりょく》いっぱいの
キャラクターが登場します！

オデット

美しく憂《うれ》いにみちたヒロイン、オデットはバレリーナの永遠のあこがれです。頭に羽根飾《はねかざ》りと小さなティアラをつけ、純白《じゅんぱく》のチュチュに身を包《つつ》んだオデット役を、いつか踊ってみたいと思っている人も多いことでしょう。

昼のあいだは白鳥、夜だけ人間の姿にもどれるという不思議な運命にあるオデットは、もとは人間の王女。悪魔《あくま》ロットバルトの呪《のろ》いにかけられ、侍女《じじょ》たちといっしょに白鳥にされてしまいました。だれにも愛を誓《ちか》ったことのない若者が真実《しんじつ》の愛を誓ってくれるまで、呪いが解《と》けることはありません。しかもその誓いが破《やぶ》られれば、オデットは白鳥のまま、一生ロットバルトのそばにいなければならないのです。

第2幕の登場の場面で、オデットが鳥のように首をかしげたり、つま先をふるわせるしぐさには、こわれそうなはかなさが感じられます。けれど、たとえ白鳥に変えられても、オデットは王女。何も知らないジークフリートたちが白鳥たちを射《い》ようとしたときは、「私たちに弓矢《ゆみや》を向けないでください」と、凛《りん》とした態度を見せます。王子に自分の身の上を語るときも、弱々《よわよわ》しく泣き崩《くず》れたりはせず、哀《かな》しみのなかにも気品を感じさせます。王子とのグラン・アダージオは、バレエ前半の大きな見せ場。出会いの場面ではおどろきおびえているように見えた彼女が、この踊りを通して、王子とのあいだに深い理解と愛情を通わせるのです。

第4幕ではオディールに愛を誓ってしまった王子への絶望《ぜつぼう》と、許しの気持ちを踊りで表します。魔法《まほう》から逃《のが》れるために湖に身を投《な》げる悲劇《ひげき》では、死へのおののきと決心も表現しなければなりません。

オディールの32回のグラン・フェッテのように華《はな》やかな踊りはありませんが、オデットの魅力は、その奥深くこまやかな「心」にほかなりません。音楽を聞き、レッスンを重ね、彼女の哀しみや喜びを自分のことのように感じられるようになったら、きっとすばらしいオデットが踊れるのではないでしょうか。

数あるバレエのなかでも、もっとも有名な作品といえば、この「白鳥の湖」でしょう。白鳥に姿を変えられた乙女《おとめ》と王子の物語は、ヨーロッパなどに広く伝わる伝説《でんせつ》をもとにしています。

チャイコフスキーの音楽にライジンガーが振付を行い、モスクワのボリショイ劇場ではじめて上演されたのが1877年。現在のバレエのもとになっているのは、1895年にマリウス・プティパとレフ・イワーノフの振付で上演されたものです。

美しい音楽、白鳥の群舞《ぐんぶ》やキャラクター・ダンスなど、魅力がいっぱいのバレエ作品。ハッピーエンドと悲劇、ふたとおりの結末《けつまつ》があることでも知られています。

ジークフリート

成人《せいじん》を迎えたばかりの、若く純真《じゅんしん》な王子ジークフリート。彼は湖で出会ったオデットを愛し、魔法から救《すく》い出そうとしますが、花嫁《はなよめ》を選ぶ舞踏会《ぶとうかい》で、ロットバルトと娘オディールのしかけたわなに落ちてしまいます。オディールをオデットだと信じて永遠の愛を誓った瞬間《しゅんかん》、窓《まど》の外に浮かびあがる白鳥の姿。自分が選んだのは悪魔の娘だと知ったとき、王子はどんな気持ちだったでしょうか。

『眠れる森の美女』や『くるみ割り人形』の王子が、ヒロインの理想的《りそうてき》なパートナーとして登場するのにたいして、ジークフリートはとても人間らしい心を持った王子。自分の成人をみんなが祝《いわ》ってくれているのに、もうすぐ自由な生活ともお別れ、と哀しい気分になったり、オデットと信じてしまったからとはいえ、まったく性格のちがうオディールに心をひかれるという過《あやま》ちもおかします。こんな複雑《ふくざつ》な心を表現するには、整《ととの》った容姿《ようし》や気品だけでなく、役を深く理解する力やすぐれた演技力が欠かせません。マニュエル・ルグリやウラジーミル・マラーホフといったダンサーの評判《ひょうばん》が高いのは、高度なテクニックはもちろんですが、そうした役の掘《ほ》り下げ方がすばらしいからなのです。

グラン・アダージオでは、オデットを最大限に美しく見せるサポートの技術が問われますが、「黒鳥のグラン・パ・ド・ドゥ」のヴァリエーションやコーダでは、大きなジャンプや回転を次々に見せ、観客を魅了《みりょう》します。

貴族《きぞく》になりすましたロットバルトとともに、さっそうとお城の舞踏会に現れるオディール。彼女は姿こそオデットに生き写しですが、その視線も身のこなしも、まったくちがう輝《かがや》きを放っています。彼女は、オデットとの誓いを守ろうとする王子を、あらゆる手を尽《つ》くして誘惑《ゆうわく》するためにやってきたのです。

オデットが、汚《けが》れのない心を象徴《しょうちょう》するような純白のチュチュで登場するのにたいして、オディールがまとうのは黒。黒は悪を象徴すると同時に、女性を美しく際立《きわだ》たせる色でもあります。オディールの妖艶《ようえん》な視線や身のこなしは、悪魔の娘とはいえ堂々とした自信にあふれ、強い香水のように、見る人の心をとらえます。オデットをただ1人の人と心に決めている王子さえ、その魅力には逆らえず、しだいに彼女こそオデットなのだと思いこんでしまいます。有名な「黒鳥のグラン・パ・ド・ドゥ」で披露《ひろう》される32回のグラン・フェッテは、いままさに王子の心を手に入れようとする彼女の、勝利の喜びを表しているともいえるでしょう。

オディール

1895年のプティパ／イワーノフ版《ばん》の初演で主役を演じたピエリーナ・レニャーニ以来、オデットとオディールはほとんどの場合、1人のダンサーが踊ります。清楚《せいそ》なオデットから魅惑的《みわくてき》で大胆《だいたん》なオディールへの変身は、何度見てもわくわくする、『白鳥の湖』最大の見どころのひとつです。

白鳥の娘たち

いつもオデットのそばにいる、白鳥の娘たち。彼女たちは侍女として、オデットに仕《つか》えていましたが、オデットといっしょにロットバルトの魔法にかかり、白鳥にされてしまいました。

娘たちに名前はありませんが、一生ロットバルトの囚《とら》われの身でいなければならないかもしれないという、哀しい運命に耐《た》えているのは、オデットと同じです。一人ひとりがオデットの哀しみを感じて踊ってこそ、『白鳥の湖』の陰影《いんえい》に富んだすばらしい舞台が完成するといってもいいでしょう。

第2幕の湖のほとりで白鳥たちが見せる踊りは、バレエ全体のハイライト。白いチュチュを着た白鳥たちが、踊りながら整然《せいぜん》と列をつくったり、丸い輪《わ》になって王子やオデットを囲《かこ》んだりするようすは、少し離《はな》れた席から見るとほんとうにみごとなものです。

ロットバルト

オデットと彼女に仕える娘たちを白鳥に変えた悪魔ロットバルトは、夜のあいだ、人間の姿にもどるオデットたちを、フクロウに姿を変えて見張《みは》っています。ジークフリート王子がオデットに永遠の愛を誓い、呪いから救い出そうとしているのを知ると、フォン・ロットバルトと名乗って舞踏会に乗りこみ、自分の娘オディールの妖《あや》しい魅力で王子を惑《まど》わせようとします。狙《ねら》いどおりに王子はオディールを花嫁に選び、たくらみは成功したかに見えましたが、最後には死をも恐《おそ》れないオデットと王子の愛によって滅《ほろ》ぼされてしまいます。

ロットバルトを演じるダンサーには、力強さや威厳《いげん》が要求されます。彼が恐ろしい存在であればあるほど、オデットの哀しみや王子の苦悩《くのう》が際立ち、物語は説得力を持つのです。湖畔《こはん》の場面ではフクロウのような翼《つばさ》をつけた姿で登場しますが、舞踏会では堂々たる貴族の姿で現れ、オディールと王子のグラン・パ・ド・ドゥの一部に加わることもあります。

コール・ド・バレエでは1人だけ目立つような動きをしてはいけないといわれますが、白鳥の娘たちは、全員が呼吸を合わせて一糸《いっし》乱れぬ踊りをすることで、どんなスターの踊りにも負けない美しさを表現しているのです。

王妃《おうひ》と家庭教師

ヴォルフガングはジークフリートの家庭教師です。王子がめでたく成人したので、やっと肩《かた》の荷《に》をおろしたという気分なのでしょう。宴《うたげ》では、お酒を楽しみながら、りっぱに成長した教え子の姿に目を細めています。ほろ酔《よ》いきげんで娘たちと踊り、目が回ってしまうユーモラスな場面を、演技力のある男性ダンサーが表情ゆたかに踊ります。

いっぽう宴のさなかに王子の母である王妃が現れると、浮かれていた人々はあわてて態度をあらためます。王子に向かって「明日は結婚相手を選ぶのですよ」と言いわたす王妃。その威厳の前には、王子でさえ頭をたれて従《したが》うしかありません。たくさんのお客を迎える舞踏会でも、王妃は大きな存在感を見せます。

背筋を伸ばした美しい姿勢、さりげないしぐさだけで周囲《しゅうい》を従えるかんろくは、一国《いっこく》の頂点に立つ女性ならではのもの。数々の舞台で主役を踊ったベテランの女性ダンサーにぴったりの役でしょう。

パ・ド・トロワ

第1幕では、王子の成人のお祝いに、友人たちがいろいろな踊りを披露します。パ・ド・トロワはそのなかのひとつ。たいていは男性1人と女性2人という組み合わせで、有望《ゆうぼう》な若手ダンサーが踊ることが多いのですが、ときには王子役のダンサーが男性のパートを踊ることもあります。またバレエ団によっては、女性2人、男性2人、合わせて4人のパ・ド・カトルとして踊られることもあります。

さりげなくやさしい音楽にのって始まり、しだいに速さを増して盛り上がっていく踊りは、第1幕のダンスのなかでもとくに華やかで目を引きます。ソリストのダンサーが最初に活躍するところでもあり、ヴァリエーションでの女性のピルエットや、男性の力強いジャンプなど、テクニックの面でも見応《みごた》えがあります。全体がドラマティックな雰囲気《ふんいき》の『白鳥の湖』のなかではめずらしく、日だまりのようなごやかさと幸福感《こうふくかん》にあふれた踊りです。

道化《どうけ》

第1幕のお祝いの場面や、第3幕の舞踏会で大活躍するのが道化です。男性の登場人物のなかでもテクニックの見せ場がとくに多く、派手《はで》な柄《がら》の衣裳を着て、コマのようにくるくると回ったり、元気なジャンプを続けざまに見せて、周囲をわかせます。

酔っぱらったヴォルフガングをからかったり、舞踏会で王子の花嫁選びの手伝いに走り回ったりする姿が微笑《びしょう》を誘《さそ》いますが、真実を見抜く力は、もしかしたらお城のだれよりも鋭《するど》いのかもしれません。演出にもよりますが、舞踏会に現れたオディールとロットバルトのきらびやかなようすにだれもが目を奪《うば》われるなか、道化だけはおびえたようにあとずさり、王妃や王子の後ろからそっと2人を見ていたりします。

バレエ団によっては道化が登場せず、ベンノという王子の友人が活躍することもあります。またブルメイステル版のように舞踏会で道化が何人も登場する演出もあります。

大きな白鳥と小さな白鳥の踊り

グラン・アダージオのあとで、小刻《こきざ》みに弾《はず》むような音楽が流れ、4羽の白鳥が手をつないで登場すると、劇場の雰囲気がほっとなごみます。愛らしい音楽と振付は、特別なバレエ・ファンでない人でも知っているほど有名なもの。とはいえ、

4人が手をつないだまま、ぴったりそろって踊るのはたいへんです。頭の角度《かくど》や歩幅《ほはば》、脚を上げたりジャンプをするタイミングなど、すべてそろえて踊らなければならないからです。そのかわり、うまくいったときには、一段と大きな拍手が観客から贈《おく》られます。若手ダンサーや小柄《こがら》なダンサーが踊りますが、バレエ団によっては少女のダンサーが踊ることもあります。

大きな白鳥の踊りは、バレエ団によって2羽、3羽、4羽など、いろいろなパターンがあるようです。音楽も振付もゆったりと雄大《ゆうだい》な印象で、かわいらしさという点では小さな白鳥の踊りに一歩譲《ゆず》りますが、白鳥という鳥の本来のイメージには、こちらのほうが近いかもしれません。小さな白鳥は4人がいっしょに踊りますが、こちらは一人ひとりが大きなジャンプやのびのびとしたポーズを見せるのが特徴《とくちょう》。すらりと背の高いダンサーたちが、舞台をいっぱいに使っておおらかな踊りを見せると、見ている人ものびのびとした気持ちになります。

スペイン

第3幕のキャラクター・ダンスのなかで、最初に出てくるのがこの踊り。ふつう2組のカップルが踊ります。床まで届《とど》きそうな長いスカートに扇《おうぎ》という、スペインの絵画を思わせるような衣裳に身を包んだ女性ダンサーが、男性ダンサーにエスコートされて登場すると、宮廷《きゅうてい》の大広間があっというまにエキゾティックな香りで満《み》たされます。

カスタネットの音を取り入れた音楽にのってみごとな足さばきを見せたり、頭や肩を大きくひねってポーズを決めるところなどは、いかにも情熱的《じょうねつてき》でドラマティックな雰囲気。特別に派手な動きがあるわけではないのですが、それだけに姿勢や身のこなしの美しさが大切になります。女性はしなやかに体を反らせて妖艶に、男性はあくまで力強く、粋《いき》な感じで踊ります。

オディールとロットバルト登場のすぐあとに踊られることが多く、強い印象を与えるこの踊りは、実力のあるダンサーの見せ場です。

ハンガリー

少し哀しげな短調《たんちょう》のメロディで、ゆっくりと始まるハンガリーの踊り。チャルダッシュとも呼ばれるこの踊りは、民族《みんぞく》衣裳で着飾った5組から7組くらいのカップルによって踊られます。

ゆったりとしたはじめの部分は、腰を落としてまっすぐ伸ばした脚を前に上げたり、コツンとかかとを打ち合わせたりする動きが特徴的。片手を腰に、片手を頭の後ろに当てたポーズも、独特のエキゾチックな雰囲気を醸《かも》し出します。

中盤《ちゅうばん》から音楽が明るく速い曲調《きょくちょう》に変わると、踊りもそれにつれてスピード感あふれるものになってゆきます。

軽やかな足さばきに手《て》拍子《びょうし》などを織《お》りまぜながら、どんどん速くなる踊りを見ていると、ほんとうに目が回るよう。高まる音楽とともにエンディングを迎えると、観客から大きな拍手がわきます。

ナポリ

キャラクター・ダンスのなかでも、ひときわ明るいナポリの踊り。南イタリアの風光明媚《ふうこうめいび》なイメージが、音楽や踊りにも反映《はんえい》しているのでしょう。よく晴れた青空を思わせる、はればれとしたトランペットの音色にのって踊られます。

数組のカップルによって踊られることもありますが、よく見られるのは、中心となる1組のカップルに数人の女性ダンサーが加わる形でしょう。それぞれがタンバリンやマンドリンなどの楽器を手にして、陽気《ようき》な雰囲気で踊ります。

しだいに速くなる音楽につれて踊りもスピードを増していくので、ダンサーにも軽快《けいかい》な動きが要求《ようきゅう》されます。カップルのダンサーが、向かい合ったり、あるいは並んだまま、くるくるとすばやい回転を披露するクライマックスは、まるでペアのフィギュア・スケートを見ているよう。

ポーランド

速い3拍子のリズムでにぎやかに始まるポーランドの踊り。マズルカとも呼ばれ、その華やかさからか、たいていの場合キャラクター・ダンスの最後に踊られます。衣裳も動きも、こまかい部分はハンガリーの踊りに似たところがあるのですが、全体の雰囲気はもっと明るく元気な感じです。深く腰を落とし、ひざまずくような形で女性に手を差しのべる男性のポーズに特徴がありますo スキップをするような軽やかなステップも、華やかで楽しい印象を見る人に与えます。

ゆるやかな中盤から、ふたたび速いテンポの踊りになって終わりますが、この踊りが美しく決まるかどうかは重要です。なぜなら、ここはドラマの節目《ふしめ》。ほとんどのバレエ団では、民族舞踊《ぶよう》が終わると舞台の雰囲気ががらりと変わり、全編のクライマックスである「黒鳥のグラン・パ・ド・ドゥ」が始まります。

ジークフリートの母の王妃が、王子にふさわしい花嫁候補として招いた6人の王女たち。王女たちは淡《あわ》い色のドレスに身を包み、優雅《ゆうが》なワルツにのって王子の前で踊ります。

何も知らない王女たちは、「もしかしたら私が花嫁に?」と、胸をときめかせていたかもしれません。でも、王子の心はすでにオデットのもの。彼女たちのなかから1人を選ぶようにいわれた王子は、王女の顔を順々《じゅんじゅん》に見るのですが、オデットにまさる女性がいるはずもありません。王子が通りすぎると、王女たちは哀しそうにうつむいてしまいます。

チャイコフスキーは王女たちのために、もっとたくさんの音楽を作曲していたそうですが、残念ながらあまり踊られることはありません。それでも、王女たちがしとやかにステップを踏むようすは、とても美しく魅力的。将来、すばらしいオデット、オディールを踊ることになるかもしれない、若いダンサーたちにぴったりの踊りです。

花嫁候補の王女

グラン・アダージオ

第2幕の湖のほとりで、オデットと王子が踊るゆったりとした踊りが、グラン・アダージオ。白鳥たちの群舞に続いてハープが前奏《ぜんそう》を奏《かな》でると、オデットと王子が舞台中央で静かに踊り始めます。ヴァイオリンの夢見るような旋律《せんりつ》にのり、王子に支えられたオデットが様々なポーズをとると、客席は静まりかえります。様々なアラベスクやアティテュード、そして背中を反らして倒《たお》れこむように王子に身を預《あず》けるポーズが、白鳥の美しさ、はかなさを象徴しているようです。

出会いのあと、オデットが自分の身の上をマイムで王子に物語る場面がありますが、彼女の哀しみや高貴《こうき》さがほんとうにしみじみと観客に伝わってくるのは、このグラン・アダージオを通してでしょう。グラン・フェッテやジャンプなど、きらびやかな技がふんだんにちりばめられている「黒鳥のグラン・パ・ド・ドゥ」とはまさに対照的な踊りですが、そうした豪華《ごうか》さをすべて取り去った踊りが、かえってオデットの気高《けだか》さを際立たせます。

そしてもうひとつ大切なのが、オデットと王子のパートナーシップ。ポーズだけがどれほど美しくても、2人の呼吸が合っていなければ、見る人に感動を与えることはできません。オデットと王子のあいだに通いあうゆたかな感情こそ、グラン・アダージオのほんとうの主役なのです。

ハッピーエンドと悲劇について

『白鳥の湖』を見ていると、バレエ団によって結末が大きくちがうことがあるのに気づくはず。そう、このバレエには大きく分け

黒鳥のグラン・パ・ド・ドゥ

『白鳥の湖』のクライマックス、第3幕の舞踏会で、オディールとジークフリート王子が踊るのが「黒鳥のグラン・パ・ド・ドゥ」。悪のヒロインが王子を誘惑するという、ドラマティックな場面で踊られるこの踊りは、むずかしい技が宝石《ほうせき》のようにちりばめられた、とても華やかなもの。ガラ・コンサートやコンクールでもよく踊られます。

華々しい音楽が響《ひび》くと同時に、腕を高くふり上げたオディールと王子が登場。すぐにオディールが舞台の中央に進み、誇《ほこ》らしげな表情で踊り始めます。王子の心を自分に向けさせようと、妖艶にほほえみ、王子の腕のなかで美しいポーズを次々に決めるのですが、いざ王子が彼女の手をとろうとすると、冷たくはねつけます。王子のほうは、そんなオディールの態度が神秘的《しんぴてき》に思えて、ますます、彼女にひきつけられてしまいます。

オディールに向かって高まる気持ちを、そのまま高いジャンプで表現したような王子のヴァリエーション。優雅なピルエットやシェネが連続するオディールのヴァリエーション。そしてコーダで、オディールは、ついに王子を手中《しゅちゅう》にした喜びを爆発《ばくはつ》させるように、32回のグラン・フェッテを披露します。最近ではこれにダブル（連続2回転）、トリプル（連続3回転）など、さらに高度な技術を取り入れるダンサーも多いのですが、回転の多さよりも踊り手それぞれの個性が見どころでしょう。主役ダンサー2人のもっとも華麗《かれい》な見せ場であるとともに、バレエ全体の要《かなめ》ともなる、大切な踊りです。

て、ふたとおりの結末があるのです。たとえばマリインスキー劇場バレエのセルゲイエフ版は、王子が最後に悪魔を倒してオデットと結ばれる「ハッピーエンド」。いっぽう、ロイヤル・バレエが上演しているダウエル版などは、オデットと王子が湖に身を投げ、死後の永遠の世界で結ばれるという、美しいけれど少し悲しい結末です。

その理由はバレエの歴史のなかにありました。最初に上演されたのは悲劇の物語。でもソビエト時代のロシアでは、国の方針《ほうしん》で悲劇的な結末が認められませんでした。そこでこの時期、ロシアでは2人が命を落とすことなく結ばれるハッピーエンドの演出が多く誕《たん》生《じょう》。それが世界にも広がっていったのです。

いまではどちらのスタイルも観客に愛され、世界中で上演されています。どちらが好きかは見る人の感性によるところも大きいようですね。

「くるみ割り人形」

**クリスマスに欠かせないバレエ「くるみ割り人形」
でも意外と謎《なぞ》が多いのでは？
主人公はクララでしょ？　え！　マーシャ？
ギゴーニュおばさんって…？
夢あふれる物語の不思議を
ときあかしていきましょう！**

『くるみ割り人形』の主人公クララは、E・T・Aホフマンの原作では7才の少女となっています。クリスマスの夜、ドロッセルマイヤーからくるみ割り人形をもらったクララは、人形といっしょに不思議な冒険《ぼうけん》をします。ねずみたちと戦ったり、美しい王子になったくるみ割り人形に連れられて雪の降《ふ》る森やお菓子《かし》の国へ行ったり……。1892年の初演のときは、12才の少女がクララ役を演じました。

バレエ団によって名前がマリーやマーシャになったり、子役が演じたりおとなのダンサーが演じたりするのは、27ページのバージョンのところでお話しするとおり。こまかい部分の演じ方もバレエ団によって様々なので、ちょっとややこしく感じるかもしれませんが、どんな演出でも、未知《みち》の世界に胸をわくわくさせる少女、ということに変わりはありません。

クララと同じ年ごろの少女が演じるときは、楽しいクリスマスを迎えるときめきや、くるみ割り人形へのやさしい気持ちなどを素直に表すことが大切でしょう。こわれた人形をそっと寝かしつける場面などに、クララのやさしさが感じられます。いっぽう、くるみ割り人形を助けるために、ねずみの王様にスリッパを投《な》げつけるなど、クララにはなかなか勇敢《ゆうかん》なところもありますね。そのくるみ割り人形が目の前ですてきな王子様に変身したときは、どんなにおどろき、そしてうれしかったことでしょう！　王子と並んで、雪の精《せい》たちの幻想的《げんそうてき》な踊りやお菓子の国でのキャラクター・ダンスなどに目を輝《かがや》かせるクララは、子どもらしい喜びにあふれています。

おとなのダンサーが踊るときには、王子に変身したくるみ割り人形とはじめて踊るパ・ド・ドゥと、最後のグラン・パ・ド・ドゥが大きな見せ場となります。出会いのパ・ド・ドゥでは素直なおどろきと胸のときめきを、グラン・パ・ド・ドゥでは様々なテクニックとともに、完成したおとなの女性の美しさを表現できれば、すばらしいでしょう。

毎年クリスマスになると上演される『くるみ割り人形』。コンクールの課題曲に選ばれることも多く、バレエを習っている人にはとても親しみのある作品ですが、何度か見るうちに不思議なことに気がつきます。

まず、主人公の名前が、バレエ団によってちがいます。ドイツの作家ホフマンが書いた原作ではマリーという名でしたが、クララのときもあれば、マーシャと呼《よ》ばれるときもあります。最後の王子とのグラン・パ・ド・ドゥも、第１幕のクララ役と同じ人が踊ることもありますが、ちがうダンサーが金平糖《こんぺいとう》の精として踊ることもあります。そもそも第１幕のクララを、まだパ・ド・ドゥが踊れないような小さな少女が演じることも多いのです。ほかに、第2幕のキャラクター・ダンスの呼び方も、お菓子の名だったり国の名だったりしますね。

これは『くるみ割り人形』が1892年に誕生《たんじょう》して以来、何度も作り直されてきたため。主人公の名前だけを例にとっても、プティパとイワーノフの振付でバレエになったときはクララになり、もっとあとに作り直されたときにはマーシャというロシア風《ふう》の名前になりました。主人公を子どもが演じたり、おとなのダンサーが踊ったりするのも、やはり「作り直し」によっていろいろな演出が生まれたためです。

このようにひとつのバレエに様々な演出や振付があるとき、それを行った人の名前をとって「イワーノフ版《ばん》」「ワイノーネン版」などといいます。『くるみ割り人形』は、たくさんの異なる版（バージョンともいいます）があるバレエとして有名ですが、そのなかでも子どもが主役を演じるものの代表がイワーノフ版、高度な技術を身につけた女性ダンサーがグラン・パ・ド・ドゥまで通して踊るものの代表がワイノーネン版、とおぼえておくといいかもしれません。そのほかのバージョンは、ほとんどこの2つのどちらかを元にしています。

ドロッセルマイヤー

おおげさな帽子《ぼうし》に長いマントをつけていて、ときには黒い眼帯《がんたい》までつけていて、見るからに風変《ふうが》わりなドロッセルマイヤー。パーティーに集まったおとなたちも、「ちょっと変わった人」という目でこの人物を見ているようです。でもプレゼントや自動人形など、おもしろいものを次々に出してくれるので、子どもたちからは大人気。若いダンサーが演じることもありますが、たいていは演技力ゆたかなベテランのダンサーが演じています。

クララの名づけ親、パーティーに呼ばれたプロの魔術師《まじゅつし》、人形使いなど、ドロッセルマイヤーの職業《しょくぎょう》や背景《はいけい》はバレエ団によっていろいろです。共通しているのは、くるみ割り人形をクララにプレゼントするのは彼だということ。ホフマンの原作では、くるみ割り人形にされた若者と彼は親戚《しんせき》どうし。またホフマンとドロッセルマイヤーはそっくりだ、という説もあります。あなたも興味《きょうみ》があったら調べてみてね。

フリッツ

原作者ホフマンの親友には、ほんとうにマリーとフリッツという子どもたちがいたそうです。現実のフリッツはとても頭のいい少年だったそうですが、バレエに出てくるフリッツは元気いっぱいのわんぱく少年。お客様がおおぜいいらっしゃるパーティーだというのに、兵隊ごっこに夢中になって、おもちゃのラッパをならしながら家のなかをかけ回っています。妹のクララがもらったくるみ割り人形が気になって、取りあっているうちにとうとう人形をこわしてしまい、ドロッセルマイヤーに頭をこづかれたりする始末。つまり、好奇心《こうきしん》がいっぱいの、とっても男の子らしい男の子なのですね。みなさんのクラスにもこんな少年がいませんでしたか？

バレエを習っている男の子にぴったりの役ですが、女性の多い日本のバレエ団では、女の子や小柄《こがら》な女性ダンサーが演じることのほうが多いかもしれません。

くるみの王子

第1幕の後半、クララが投げたスリッパのおかげでねずみたちとの戦いに勝ったくるみ割り人形は、クララの目の前でりっぱな王子に変わります。この部分は音楽も美しく、作品全体のなかでもたいへん印象的《いんしょうてき》な場面です。そして彼は、命を助けてもらったお礼に、クララをお菓子の国（あるいはおとぎの国）へ連れて行ってくれます。なんてすてきなんでしょう！　女の子ならだれだって、胸がわくわくしてしまいますね。

バレエ団の花形《はながた》男性ダンサーや、ゲスト・ダンサーが踊ることの多いこの王子役ですが、バレエ団によっていろいろなちがいがあるのは、ほかの役と同じ。くるみ割り人形役のダンサーと王子役のダンサーが別にいることもありますし、ごくまれにですが、お菓子の国で王子様がもう1人出てくることもあるので、ちょっと混乱してしまうかも。こちらの王子様はコクリューシ王子といい、グラン・パ・ド・ドゥはもともと金平糖の精と彼の踊りでした。でも、最近ではほとんどの場合、くるみ割り人形の王子が、クララや金平糖の精とグラン・パ・ド・ドゥを踊ります。

くるみ割り人形の王子の魅力《みりょく》は、クララにたいするやさしさでしょう。現実の世界ではまだ子どものクララですが、王子は彼女を一人前《いちにんまえ》のレディとして、尊敬《そんけい》をこめてエスコートします。王子は、これからおとなの世界に旅立とうとする少女たちの、この上なくやさしい案内役なのかもしれません。

ねずみの王様とねずみの兵隊

真夜中、クリスマス・ツリーのある居間《いま》にチョロチョロと現れ、クララをこわがらせるねずみたち。もしかしたら、みなさんもねずみの役で舞台に立ったことがあるかもしれませんね。おもちゃの兵隊《へいたい》と戦うねずみの兵隊たちは、バレエ学校の生徒たちが演じることの多い役です。耳やしっぽのついた着ぐるみを着たり、お面をつけたりした子どもたちが活躍《かつやく》するようすは、とてもかわいらしいのですが、くるみ割り人形にとっては倒《たお》さなければならない相手。おもちゃの大砲《たいほう》でようしゃなく攻撃《こうげき》します。けがをした仲間《なかま》を運んだり、ねずみの王様を応援《おうえん》したり、ねずみたちは大忙《いそが》し。

その王様は、原作によると頭が7つもある巨大《きょだい》なねずみです。煙《けむり》とともに登場し、くるみ割り人形と一騎討《いっきう》ちを演じますが、クララの投げたスリッパが命中《めいちゅう》して……。そのあとは、みなさんよくご存じですね。クララたちのあとを追って、第2幕に登場することもあります。

雪の女王

くるみ割り人形の王子とクララが最初に訪《おとず》れる冬の森で、雪の精たちといっしょに2人を迎えてくれるのが雪の女王。見わたすかぎりの雪景色《ゆきげしき》のなかで、真っ白なチュチュを着た雪の女王は、雪の王様とすてきなパ・ド・ドゥを踊ります。お菓子の国の女王である金平糖の精の魅力が、クララを包《つつ》んでくれるようなあたたかさとすれば、雪の女王の魅力はひんやりしたガラスのような美しさ、とでも言えばいいでしょうか。演じる女性ダンサーも、金平糖役とは持ち味のちがう人が多いような気がします。

粉雪《こなゆき》が舞台の上にチラチラと舞い、子どもたちの澄《す》んだコーラスが響《ひび》く有名な美しい場面ですが、ワイノーネン版などでは雪の王と女王は登場せず、それにあたる部分をクララとくるみ割り人形の王子が踊ります。この場合は、ワルツを踊る雪の精たちの群《ぐん》舞《ぶ》がこの場面の主役ということもできるでしょう。

チョコレート（スペイン）

クララたちをもてなすために、スペイン、アラビア、ロシアなど、様々な国のキャラクター・ダンスが始まります。第2幕をお菓子の国とした場合には、それぞれの踊りにお菓子の名前がつきます。おとぎの国や不思議の国、としたバージョンでは、国の名前で呼ばれることもあります。

　最初に踊られるスペインの踊りは、「チョコレート」。これから楽しいことが始まるのを告《つ》げ知らせるような明るいトランペットの音色に、甘《あま》いチョコレートのイメージはよく似合います。振付はバージョンによってもちがいますが、スペイン風の衣裳に身を包んだ男女のカップルが1組から数組、楽しそうな表情で踊ります。同じスペインの踊りでも、『白鳥の湖』のドラマティックな踊りとはずいぶんちがった印象です。

コーヒー（アラビア）

オーボエのものうい音色が、遠い国への幻想をかきたてます。ワガノワ・バレエ・アカデミーの生徒たちが踊るワイノーネン版では、ベールをなびかせた女性たちの踊りがすてきです。ほかのバレエ団では男女のカップルが踊ったり、数人の男性が女性ダンサーを支えるスタイルで踊ることもあります。どのバージョンも、ゆったりした身のこなしや上半身の動き、ハーレムパンツのような東洋風の衣裳が、おとなっぽくてとても優雅《ゆうが》。そういえば小さい子どもにとって、「コーヒー」はおとなの飲みもののイメージですね。

お茶（中国）

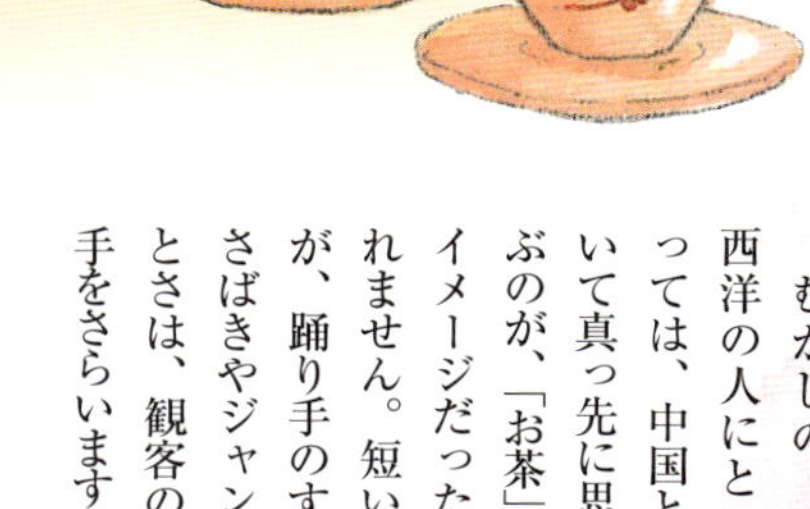

弦楽器《げんがっき》の糸を弾《はじ》く「ピチカート」という演奏法《えんそうほう》と、ピッコロのよく響く高い音色が、こっけいでゆかいな雰囲気を作り出します。中国のつぼやお皿のもようにあるような、派手《はで》な衣裳の男女が、人さし指を立てた独特のポーズをとり、軽く足踏《あしぶ》みをするようなステップで踊るのが特徴《とくちょう》。

　むかしの西洋の人にとっては、中国と聞いて真っ先に思いうかぶのが、「お茶」や陶器《とうき》のイメージだったのかもしれません。短い踊りですが、踊り手のすばやい足さばきやジャンプのみごとさは、観客の大きな拍手をさらいます。

トレパック
（ロシア）

「トレパック」はロシアの農民《のうみん》の舞踊のひとつ。この踊りにお菓子の名前はついていませんが、膝《ひざ》を深く曲げ、力強く大地をける男性的な踊りは、いつも観客の人気のまとです。バレエ『くるみ割り人形』を生み育てた、ロシアの人々のたくましさがあらためて感じられますね。ロシアの民族《みんぞく》衣裳を着てブーツをはいた男性群舞、または男女が、終わりに近づくにつれて速くなる音楽にのってエネルギッシュに踊ります。その迫力《はくりょく》は、見ているほうまで目が回るよう！ 鍛《きた》え上げた体力と、すぐれたテクニックに自信のあるダンサーの見せ場です。

あしぶえ
（フランス）

『くるみ割り人形』を見たことがない人でも、このメロディはきっとどこかで聞いたことがあるでしょう。のんびりとしたフルートとアイリッシュ・ホルンの音色。ワガノワ・バレエ・アカデミーの公演では、フランス宮廷風《きゅうてい》のかつらをつけた1人の少年を、やはり宮廷風の衣裳の2人の少女がはさむようなスタイルで踊ります。まるで砂糖菓子でできているようにかわいい姿です。また、女性たちが手にあしぶえを持って踊ることもあります。「キャンディ・バーの踊り」とも呼ばれるのは、あしぶえがキャンディに似ているから？

花のワルツ

お菓子の国のキャラクター・ダンスの最後に、うすいピンクのロマンティック・チュチュを着た花の精と、従者《じゅうしゃ》たちによって踊られるワルツ。うっとりするようなハープの音色に続き、20人以上のダンサーたちが舞台いっぱいに広がって踊るようすは、ほんとうにやわらかい花びらがあふれているようです。キラキラと輝くようだった第1幕の「雪の精のワルツ」の印象とくらべてみてもおもしろいかもしれません。

また、花のワルツは『くるみ割り人形』のクライマックス、金平糖の精と王子のグラン・パ・ド・ドゥにつながる、大切な場面。この踊りがあるからこそ、最後のパ・ド・ドゥがよりすばらしく見えるのです。

ギゴーニュおばさんってだれなんでしょう？「おばさん」なのに男性ダンサーが演じることも多く、テントみたいに大きくふくらんだスカートのなかから、子どもたちが次々に飛び出してきます。お菓子のボンボン入れのなかにボンボンがいっぱい詰まっているのに似ているからか、マダム・ボンボニエールとキャンディ・ボンボンの踊りとも呼ばれます。

このギゴーニュおばさんは、ヨーロッパでは人形芝居《しばい》の登場人物として知られています。フランスの民間に伝わる歌をもとにした楽しい音楽で、子どもたちの活躍できる踊りでもあるのですが、バレエ団によっては省略《しょうりゃく》されてしまうのがちょっと残念です。いちど出てきた子どもたちが、またスカートのなかに入って終わりになります。

金平糖の精

お菓子の国の女王は、日本では金平糖の精と呼ばれていますが、ほんとうはドラジェという砂糖菓子の精。ドラジェはすべすべした小石のような形のかわいいお菓子で、ヨーロッパではよくお祝《いわ》いの贈りものなどに使われます。

クララやくるみ割り人形の物語に、ほほえみながら耳をかたむける金平糖の精の姿からは、美しさと同時にお母さんのようなやさしさも感じられます。なぜなら、金平糖の精は、クララと同じ年ごろの少女たちが、いつかなりたいと考えるような理想《りそう》の女性。ですから、この役を踊るダンサーも、気品ややさしさを自然に表現できることが大切です。ビデオになっているロイヤル・バレエのピーター・ライト版『くるみ割り人形』で踊っているレスリー・コリアの演技は、まさにそのお手本のよう。落ち着きがあって、しかも華《はな》やかで、パートナーのアンソニー・ダウエルと、ほんとうに息の合った踊りを見せています。

第2幕の終わり近く、この金平糖の精と王子の踊るグラン・パ・ド・ドゥは、『くるみ割り人形』全編のクライマックス。ハープの美しい音色で始まり、明るい曲調《きょくちょう》のスピーディなコーダで終わる、作品中もっとも華麗《かれい》な踊りです。グラン・パ・ド・ドゥ全体ももちろんすばらしいのですが、そのなかの女性のヴァリエーションはコンクールなどで取り上げられることが多いので、みなさんもよく知っているでしょう。チェレスタという楽器の美しい音にのって、女性ダンサーがポアントで音をたどるように、繊細《せんさい》なステップを踏みます。まるで、つま先でそっと星空を渡っていくように……。

後半にはすばやいピルエットなども織《お》りこまれ、デリケートななかにも華やかさのある踊り。音楽によく耳を澄ませて、腕や指先の美しさにも充分に気を配って踊ってほしい名場面です。

ギゴーニュおばさん

チャイコフスキー・パ・ド・ドゥ

背景

幸福感《こうふくかん》に満《み》ちた音楽は、もともとチャイコフスキーが『白鳥の湖』第3幕の黒鳥のパ・ド・ドゥのために作曲したもの。長いこと使われないまま保存されていましたが、20世紀のなかばに再発見され、話題を呼《よ》びました。この音楽にジョージ・バランシンが注目し、独立《どくりつ》したパ・ド・ドゥとして振付けたのが、『チャイコフスキー・パ・ド・ドゥ』です。1960年に、ニューヨーク・シティ・センターでヴィオレッタ・ヴェルディらによって初演されました。

回転、ジャンプ、ダイナミックなリフトなど超絶技巧《ちょうぜつぎこう》の連続《れんぞく》ですが、テクニックをこえた流麗《りゅうれい》な美しさにあふれ、限りない感動を与えてくれる傑作《けっさく》。グラン・パ・ド・ドゥの形ではありますが、拍手《はくしゅ》のために演技を中断《ちゅうだん》するようなことはほとんどなく、2人が軽やかに舞台に走り出る幕開きから、男性が女性を高くリフトしたまま退場《たいじょう》するラスト・シーンまでが、あっというまに過ぎてゆきます。

踊り

この作品の魅力《みりょく》は、たぐいまれな美しい音楽と、その音楽にぴったり合った、流れるような振付でしょう。男女のダンサーが音楽と一体になるかのように、スピードにのってやわらかく踊ります。女性の衣裳もクラシック・チュチュではなく、風になびくような軽やかなシュミーズ・ドレス。リフトやジャンプなど高度なテクニックの連続ですが、踊り手にはテクニックとともに、音楽そのものになりきることさえできるような、ゆたかな感受性《かんじゅせい》が求められます。

世界中のダンサーたちに愛されている作品ですが、ここ数年ではマリインスキー劇場バレエのディアナ・ヴィシニョーワとイーゴリ・ゼレンスキー、パリ・オペラ座バレエのオーレリ・デュポンとマニュエル・ルグリなどが、絶妙《ぜつみょう》の演技を見せてくれています。

胸をあつくする
命をかけた恋！

ヒロインのいちずな恋心が、胸にせまるバレエがあります
美しく、悲しい物語は、いつまでも心に残ります

人気のヴァリエーションをチェック★

「ロミオとジュリエット」

イタリアの街、ヴェローナで起きた悲しい恋《こい》の物語
若い主人公たちと、まわりをとりまく人々の
個性ゆたかなキャラクターにも注目！

ジュリエット

ジュリエットは、もうすぐ14才になろうとする少女。乳母《うば》を相手に、無邪気《むじゃき》にはしゃいでいたジュリエットは、両親からパリスという婚約者《こんやくしゃ》を紹介されます。この物語の時代には、この年令《ねんれい》で結婚《けっこん》し、子どもを持つこともめずらしくなかったのです。

けれども舞踏会《ぶとうかい》でロミオにはじめて会ったとき、ジュリエットははじめて本物の恋にめざめます。バルコニーでおたがいの気持ちを確《たし》かめあううちに、まるで花が咲《さ》くように、恋する娘へと変わってゆくジュリエット。ロレンス神父《しんぷ》の庵《いおり》でロミオと2人だけの結婚式を挙《あ》げるまでの彼女は、はじめて知った恋の喜びで、まぶしいほどに輝《かがや》いています。

その喜びが悲しみに変わるのが第3幕。

身も心も結ばれたばかりというのに、ジュリエットの従兄弟《いとこ》ティボルトを殺してしまったロミオは、すぐにヴェローナの街を出てゆかねばなりません。寝室《しんしつ》で2人が踊る短いパ・ド・ドゥからは、離《はな》れたくない、どうか行かないで、というジュリエットの哀《かな》しい叫《さけ》びが聞こえてくるよう。さらに、両親にパリスと結婚するようにいわれて悩《なや》みぬく場面や、神父に渡された薬を飲もうとして恐《おそ》ろしさに身をすくめる場面、ロミオのあとを追って命を断《た》つラスト・シーンなど、ゆたかな表現力が求められる部分が続きます。踊りとお芝居《しばい》の部分がわりあいはっきり分かれているプティパのバレエなどにくらべ、『ロミオとジュリエット』の踊りは、そのときどきの登場人物の心の動きと深く結びついています。ジュリエットの気持ちにどれだけ近づけるかで、ダンサーの表情も踊りも大きく変わってくるでしょう。

アレッサンドラ・フェリは21才でジュリエットを踊って成功を収めましたが、ジュリエット役は決して若いダンサーだけのものではありません。ロシアの名バレリーナ、ガリーナ・ウラーノワがこの役を踊ったのは30才になってからですが、その演技は、恋に悩む可憐《かれん》な少女そのものだったといわれます。

シェイクスピアの有名な戯曲《ぎきょく》をもとにした「ロミオとジュリエット」は、20世紀に生まれた物語バレエの傑作《けっさく》です。プロコフィエフの美しい音楽にのって展開《てんかい》する愛の物語は、いちど見たら忘れられないほど感動的。1940年に初演されたラヴロフスキー版《ばん》が大成功を収《おさ》めたのをきっかけに、たくさんの振付家がこの物語のバレエ化に挑戦してきました。

そのなかでも代表的なのは、マイムが多く演劇的なラヴロフスキー版、迫力《はくりょく》のある踊りがいっぱいのグリゴローヴィチ版、いきいきとしたパ・ド・ドゥを中心にしたクランコ版、流れるような動きやリフトがドラマティックな印象《いんしょう》を与えるマクミラン版など。ことにマクミラン版は、ロイヤル・バレエや新国立劇場バレエ団、アメリカン・バレエ・シアターなどがレパートリーにしており、目にする機会が多いものです。さらに新鮮《しんせん》な感覚の振付には、近未来《きんみらい》を思わせる設定のプレルジョカージュ版や、洗練《せんれん》された美術のマイヨー版などがあります。

ロミオ

ロミオは、キャピュレット家とは仇《かたき》のように憎《にく》みあうモンタギュー家の息子。友人のマキューシオやベンヴォーリオといっしょに行ったキャピュレットの舞踏会で、ジュリエットをひと目見た瞬《しゅん》間《かん》、恋に落ちてしまいます。

情熱《じょうねつ》、ちゃめっ気《け》、激《はげ》しい闘争心《とうそうしん》など、若者のすべてをそなえたロミオは、数ある男性キャラクターのなかでも、とくに人気のあるもののひとつでしょう。ジュリエットに出会う前のロミオは、ロザラインという女性にあこがれの目を向けたり、ほかのモンタギューの青年たちといっしょにキャピュレットとの争《あらそ》いに加わったりしていますが、舞踏会でジュリエットに会ってからは、すべてが変わります。こんなに美しい人がこの世にいたなんて！　少しでも長くいっしょにいたい。たとえ見つかって殺されてもかまわない……。

ロレンス神父のもとでジュリエットとの秘密の結婚式をすませてからは、ロミオに激しい憎しみを燃《も》やすティボルトにさえ、和解《わかい》しようと手を差しのべます。ティボルトばかりか友人たちも、そんなロミオの心を理解することはできなかったのですが……。

物語は悲劇《ひげき》に終わってしまうけれど、友人たちと楽しそうにふざけたり、乳母が持ってきたジュリエットの手紙を読んで大喜びする場面での明るい表情が心に残ります。振付はバージョンによって少しずつちがいますが、第1幕の「バルコニーのパ・ド・ドゥ」では、ジュリエットへの恋心を若者らしいスピーディな動きと様々なリフトで表現。第2幕の広場では、親友《しんゆう》マキューシオの死への哀しみとティボルトへの怒《いか》りを、迫力のある剣《けん》さばきにこめて表します。第3幕ではジュリエットの寝室での、別れを惜《お》しむ思いにあふれたパ・ド・ドゥや、キャピュレットの墓所《ぼしょ》で命を断つ演技などが見どころになります。

ティボルト

ティボルトはジュリエットの従兄弟。ジュリエットのことは妹のようにかわいがっているのですが、気性《きしょう》の激しい彼は、モンタギュー一族《いちぞく》の者を見るとじっとしていられません。キャピュレット側の若者たちを引き連れて広場に現れ、ロミオたちと争うことなど日常茶飯事《にちじょうさはんじ》です。舞踏会でも、ロミオがモンタギューの息子であることにいちはやく気づいたティボルトは、ジュリエットとロミオを引き離し、剣を抜こうとします。キャピュレットの仲裁《ちゅうさい》で、その場はなにごともなく収まるのですが……。

いったんは抑《おさ》えられた憎しみの感情が、ふたたび爆発《ばくはつ》するのは第2幕の広場。ティボルトはロミオに闘《たたか》いを挑《いど》みますが、相手は誘《さそ》いに乗ってきません。かわりに挑戦を受けたマキューシオのからかうような態度に誇《ほこ》りを傷つけられたティボルトは、とうとうマキューシオを刺《さ》し殺してしまいます。そして今度は、怒《いか》りに燃えたロミオの剣が、ティボルトの体を貫《つらぬ》くことに……。強烈《きょうれつ》な打楽器《だがっき》の音とともに、断末魔《だんまつま》の苦しみが伝わってくるような場面です。

憎まれ役ながら荒々《あらあら》しい魅力《みりょく》もそなえ、ストーリー展開のカギを握《にぎ》るティボルトは、主役級のダンサーが踊ることも多い役。とくに男性ダンサーの見せ場が多いグリゴローヴィチ版やヌレエフ版などでは、主役に負けない存在感を見せます。

マキューシオ

弾《はず》むような音楽にのって、ダイナミックなジャンプやすばやい回転を決めるマキューシオ。ときにはロミオ以上に観客の注目を集めます。シェイクスピアの原作では、パリスと同じくヴェローナの大公《たいこう》の縁戚《えんせき》ということになっていますが、すまし顔のパリスとは対照的《たいしょうてき》に、マキューシオは退屈《たいくつ》なことが大きらい。だれかをからかって笑わせたり、わざと怒らせたり、彼のまわりではいつも小さな騒《さわ》ぎが起こっています。

そんなマキューシオの表情がひときわ輝くのは、仮面《かめん》で顔をかくしてもぐりこんだ舞踏会。敵対《てきたい》するキャピュレット家の人々に混じって大胆《だいたん》にふるまったり、ロミオをかば↖

ベンヴォーリオ

マキューシオとともに、いつもロミオのそばにいる若者がベンヴォーリオ。原作ではロミオの従兄弟という設定ですから、きっとロミオとは少年のころからいっしょに遊ぶ仲だったのでしょう。主役のロミオと個性の強いマキューシオにはさまれて、ちょっとおとなしく見えることもあるけれど、マキューシオといっしょになってロミオをからかったり、ケンカのときはとりなし役になったり、友だち3人のバランスをうまくとっているのが、このベンヴォーリオといえそうです。

広場や舞踏会の場面で、ロミオやマキューシオといっしょに活躍《かつやく》しますが、見せ場はキャピュレット家の前で3人がそろって踊る場面や、舞踏会でマキューシオとかわるがわる、ちょっとふざけた感じの踊りを踊るところ、またジュリエットの手紙を持ってきた乳母を、マキューシオといっしょになってからかうところなど。第1幕、第2幕を通じて出番も多く、有望《ゆうぼう》な若手ダンサーや演技力のある中堅《ちゅうけん》のダンサーが踊ります。

キャピュレット夫妻《ふさい》

ジュリエットの両親の、キャピュレット夫妻。誇り高い家柄《いえがら》の当主《とうしゅ》らしく、服装《ふくそう》や立ち居ふるまいにも、威厳《いげん》があふれています。キャピュレット家で行われる豪華《ごうか》な舞踏会でも、人々の中心で堂々と踊ります。

ジュリエットの夫にはパリスがふさわしいと考え、2人を引き合わせますが、ジュリエットはロミオに恋してしまいます。そのことを知らないキャピュレット夫妻は、突然《とつぜん》パリスとの結婚をいやがるようになった娘が、わがままをいっているとしか思えません。パリスへの気づかいも加わって、強い態度でジュリエットをしかりつけます。

ロミオとジュリエットの悲劇が生まれる土台となった、家同士の誇りのぶつかりあいや、対立《たいりつ》の激しさを象徴《しょうちょう》するのがこのキャピュレット夫妻。舞踏会で踊るジュリエットを見守るまなざしや、パリスとの結婚の朝、ベッドの上で冷たくなっているジュリエットを見つけたキャピュレット夫人のなげきなどに、娘を思う親の気持ちが顔をのぞかせますが、この役を演じるダンサーは、「お父さん、お母さん」というイメージからは遠い、厳格《げんかく》な部分も表現しなければなりません。

舞踏会でロミオに憎しみの目を向けるティボルトを押しとどめるキャピュレット、ティボルトの死を激しくなげき悲しむキャピュレット夫人など、様々な見どころがあります。

うためにおどけた踊りを披露《ひろう》したり……。第2幕の広場では、ティボルトの挑発《ちょうはつ》に乗ろうとしないロミオにかわって剣を抜きますが、軽やかな身のこなしでティボルトをあしらううちに、一瞬の隙《すき》をつかれて深い傷を負ってしまいます。心配してかけよったロミオたちの前で見せる、痛みも死も笑い飛ばそうとするかのような「お芝居」は、マキューシオ役のダンサーの表現力の見せどころ。死ぬまぎわに、ティボルトへの憎しみをかきたてるようなしぐさをしたり、逆にあっさり死んでしまったりと、バージョンによって演じ方はいろいろですが、人一倍《ひといちばい》いきいきしていた彼の死はとてもショッキング。高度なテクニックと演技力をもったダンサーが踊り、大きな拍手をさらいます。

パリス

パリスは、キャピュレット夫妻が選んだジュリエットの婚約者です。ヴェローナの大公の血を引く彼は、どこから見ても育ちのいい青年貴族《きぞく》。舞踏会で、まだ幼さの残るジュリエットと踊るようすは、まるで大切な宝物《たからもの》を扱《あつか》うようです。もしジュリエットがロミオに出会うことさえなければ、やさしい夫になっていたかもしれません。

バレエの後半、突然自分との結婚をいやがるようになったジュリエットの態度の変化にとまどい、最後には墓地《ぼち》で出会ったロミオに刺し殺されてしまうパリス。踊りのシーンよりも優雅《ゆうが》なふるまいや、こまかい表情などに見どころが多く、ダンサーにとってはなかなかむずかしい役どころですが、優雅で近よりがたい貴族社会の雰囲気《ふんいき》を漂《ただよ》わせるパリスは、舞台にほろ苦い味を与える大切なキャラクター。性格は、バージョンや演じる人によって微妙《びみょう》に異なり、おっとりした好青年のこともありますが、プライドの高い、少しばかり気どった人物として描《えが》かれることもあります。

乳母／神父

たくさんの登場人物のなかで、どうしても結婚したい！　というロミオとジュリエットの気持ちをわかってくれたのは、ジュリエットの乳母とロレンス神父だけでした。

ふくよかな体をゆすりながら登場する乳母は、ジュリエットの手紙をロミオに届けたり、両親の怒りからかばってやったり、いつもジュリエットの味方です。この時代、キャピュレット家のような裕福《ゆうふく》な家では、子どものめんどうを見るのは乳母の役目でした。乳母にとって、赤ちゃんのときから成長を見守ってきたジュリエットは、ほんとうの娘のようなもの。両親の前では娘らしくふるまうジュリエットも、彼女と2人のときは小さな子どものように甘《あま》えます。乳母がジュリエットを、彼女がはじめて好きになった相手、ロミオと結婚させてやりたいと思ったのも、当然のことかもしれません。

ロレンス神父は、ロミオとジュリエットのためにひそかに結婚式を行います。このころの僧《そう》はまた、いろいろな薬草《やくそう》などにくわしい専門家《せんもんか》でもありました。神父は、パリスと結婚させられそうになったジュリエットの必死《ひっし》の願いに心を動かされ、仮死状態《かしじょうたい》になる薬を与えます。それが新たな悲劇を生むことになるとは知らずに……。

どちらも舞台に深みを与える大切な役なので、演技力のあるベテランのダンサーなどが演じます。

決闘《けっとう》

ジュリエットとの結婚式を終えたロミオは、喜びでいっぱいになって広場にもどってきます。ところが、そこで起こったのがティボルトとの争い。もうキャピュレットとは争うまいと思っていたロミオなのに、親友マキューシオを殺された怒りと哀しみから、ティボルトを刺し殺してしまいます。

豪華な舞踏会や美しいパ・ド・ドゥがたくさんある『ロミオとジュリエット』のなかで、ひときわ目立つのがこの決闘の場面。3人の主要《しゅよう》な登場人物が剣を持って闘うこの場面は、バレエというよりも映画か何かを見ているようで、息をのむような迫力《はくりょく》に満《み》ちています。

陽気《ようき》な表情で、相手をからかうような身のこなしを見せるマキューシオと、真剣に相手を追い詰《つ》めようとするティボルト。そして、ティボルトに刺されて息絶《いきた》えたマキューシオの仇を討《う》とうと、怒りをあらわにティボルトに向かっていくロミオ。3人それぞれの表情も見ものです。

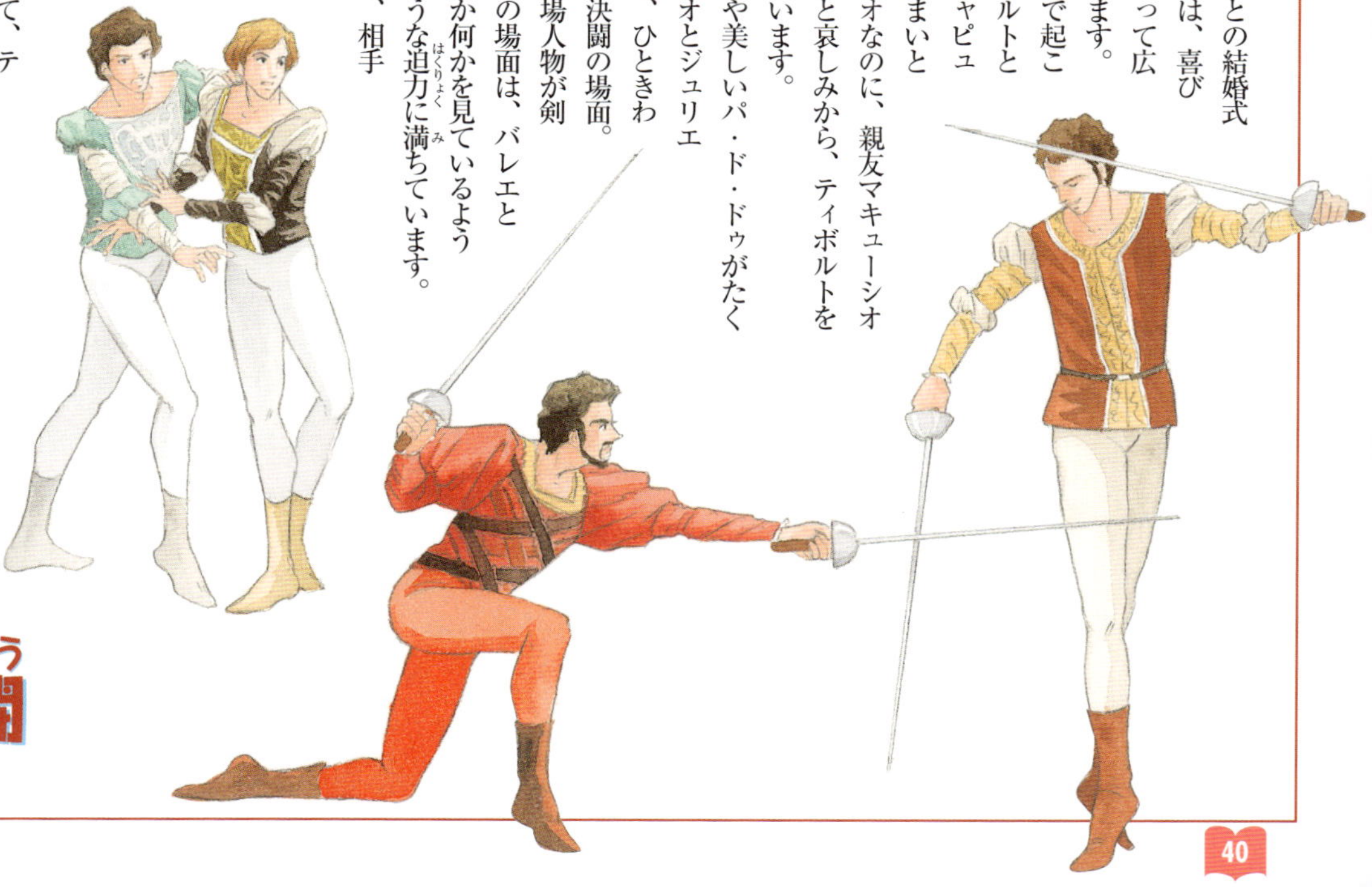

カーニバル

第2幕の広場は、にぎやかなカーニバル。第2場のロミオとジュリエットの結婚式をはさんで、たくさんの人々がお祭りのダンスを踊ります。

弾《はじ》けるような速いテンポの音楽や、陽気《ようき》なマンドリンの音色が印象的なこの場面は、バレエ団によっていろいろな工夫《くふう》がこらされる大きな見せ場。グリゴローヴィチ版のダンサーたちはタンバリンを手にして踊りますし、ヌレエフ版では、イタリアの伝統行事《でんとうぎょうじ》にならって、青年たちが大きな旗《はた》を振るダイナミックな踊りが登場します。5人の道化《どうけ》が、サーカスのようにいろいろな組みポーズをつくってみせるのはクランコ版。マクミラン版では、広場に現れた1組の新郎新婦《しんろうしんぷ》を中心に、お祝《いわ》いの踊りがにぎやかにくり広げられます。美しいけれど、どこかとり澄《す》ました雰囲気のあるキャピュレットの舞踏会とは反対に、生命力《せいめいりょく》とエネルギーにあふれた場面です。

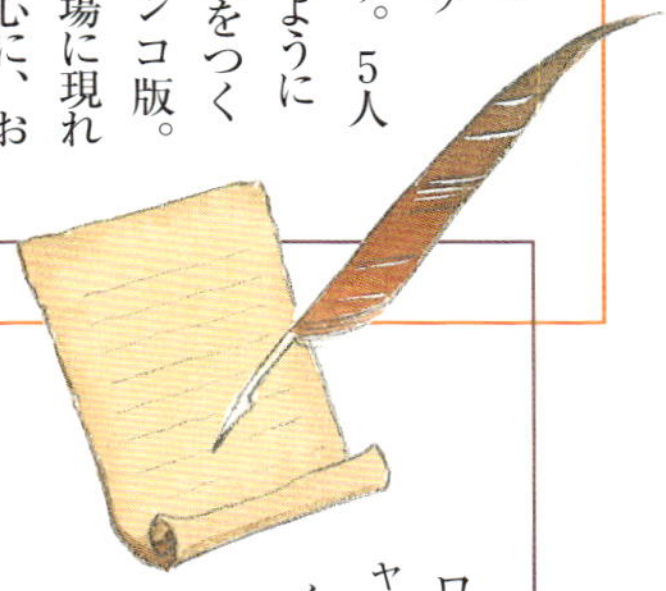

舞踏会

ロミオたちがそっと入りこんだ、キャピュレット家の豪華な舞踏会。明るくなった舞台に、着飾《きかざ》った男女がずらりと並んでいるありさまは、とても美しく、同時に何か圧倒《あっとう》されるような感じも受けます。キャピュレット夫妻やティボルト、パリスたちが列の前のほうに並び、低音《ていおん》のどっしりした響《ひび》きの音楽にのって、おごそかな身振りで踊ります。ラヴロフスキー版などでは床《ゆか》に膝《ひざ》をつくときに使う小さなクッションを持って踊ることから、「クッションの踊り」と呼《よ》ばれることもあります。

バレエ団によっていろいろな演出、振付で踊られますが、そのなかでも、全員が黒と金色に統一された衣裳の長いすそをひるがえして踊るクランコ版はとても洗練《せんれん》された印象。

マクミラン版も、踊る人々の表情や豪華な美術が堂々とした感じを与えます。重厚《じゅうこう》で華麗《かれい》な舞踏会はキャピュレット家のゆたかさや強さを印象づけ、そのなかで踊るロミオやジュリエットの若さや軽やかさを、いっそうはっきりと見せることになります。

パ・ド・ドゥ

舞踏会ではじめて出会うロミオとジュリエット。バレエ団によってこまかいところはちがいますが、いくつかの場面を通じて、どんどんおたがいにひかれあっていくようすが伝わってきます。

出会い

最初は、ロミオがはじめてジュリエットに心ひかれるシーン。群舞のあとでぐうぜん出会い、おたがいの顔を見つめあうドラマティックなヌレエフ版。クランコ版やマクミラン版のロミオは、パリスといっしょに踊るジュリエットを見て、恋に落ちてしまいます。

ロミオは楽器をひいたり、踊りの輪《わ》のなかにまぎれこんだりして、少しでも長くジュリエットと踊ろうとします。ジュリエットのほうも、仮面をつけた若者のことが気になりはじめます。

舞踏会の合間《あいま》に、人のいない場所へ抜け出したロミオとジュリエット。

仮面をはずしたロミオを見て、ジュリエットはますます彼にひかれます。けれども、ようやく2人だけで踊ることができたのもつかのま、ロミオの正体に気がついたティボルトやキャピュレットたちが、2人を引き離してしまいます。

バルコニー

舞踏会のあと、ジュリエットのことが忘れられないロミオは、キャピュレット家の庭園《ていえん》にしのびこみます。ここで2人が踊るのが、有名な「バルコニーのパ・ド・ドゥ」。月光《げっこう》のなか、マントに身を包《つつ》んだ人影《ひとかげ》を見て、はじめはおどろくジュリエットですが、ロミオだとわかると、飛ぶように階段を走りおります。ドキドキと高鳴《たかな》る心臓《しんぞう》の音を聞いてもらいたいとでもいうように、ジュリエットが思わずロミオの手をとって自分の胸に当てるマクミラン版の場面はとても印象的。シュツットガルト・バレエのクランコ版では、バルコニーに階段がなく、ロミオがジュリエットをやさしく抱《だ》いて地面に降ろします。

2人の気持ちとともに踊りも盛り上がり、ロミオは何度もジュリエットを高くリフトします。やがて2人はなごり惜《お》しそうに、けれど幸せそうに別れてゆくのですが、庭園の緑と夜空を背景《はいけい》にロミオとジュリエットの恋が花ひらくこの場面は、バレエ全体のなかでももっとも感動的なシーンのひとつ。流れるような音楽も美しく、ガラ・コンサートでこの部分だけを見ても、その魅力は充分に伝わってきます。

別れ

ロレンス神父のもとで結婚し、夫婦となった2人は、ジュリエットの寝室ではじめて一夜《いちや》を過ごします。けれども、ティボルトを殺して罪人《ざいにん》となったロミオは、夜が明ける前にヴェローナの街から出ていかなければなりません。1人旅立とうとするロミオを、ジュリエットはけんめいに引きとめますが、やがて厚いカーテンの向こうから、朝の光が射《さ》しはじめます。

ほとんどのバージョンでは、この場面で踊られるパ・ド・ドゥが、後半でのロミオとジュリエットの踊りのハイライトになります。「バルコニーのパ・ド・ドゥ」と同じメロディが使われていますが、喜びにあふれたバルコニーのシーンとは対照的に、こちらは身を切られるように切《せつ》ない別れの踊り。うなだれるしぐさや、深い哀しみに満ちた2人の表情が心に残ります。

墓地《ぼち》（マクミラン版）

マクミラン版の特徴《とくちょう》は、第3幕の墓地の場面にも、ジュリエットとロミオのパ・ド・ドゥがあることでしょう。この場面のジュリエットは薬を飲んで眠ったままなので、ふつう2人は踊らないのですが、マクミラン版のロミオは、ジュリエットの体を激しく抱きしめて踊ることで、深い悲しみを表すのです。

人形のようにぐったりとしたジュリエットと、その体を愛《いと》しむように何度も抱き上げ、リフトするロミオ。それは、あまりにも哀しい愛のデュエットです。

「ジゼル」

可憐《かれん》なジゼル、気品あるアルブレヒト
恋《こい》に悩《なや》むヒラリオン、娘を心配する母ベルタ…
ロマンティック・バレエの傑作《けっさく》には
人々の様々な気持ちが表現されています！

つややかな髪を清楚《せいそ》にまとめ、エプロンのついたドレスを着た村娘ジゼルは、だれもが好きにならずにいられない愛らしさ。母親のベルタと小さな家で暮らす彼女は、近くの家に姿を見せる青年ロイスを好きになり、ひそかに結婚《けっこん》の約束をします。けれども、ロイスはアルブレヒトという名の貴族《きぞく》で、バチルドという美しい婚約者《こんやくしゃ》もいるのだと知ったとき、彼女の心の歯車《はぐるま》はこわれ、小さな心臓も永遠に動きを止めてしまいます。結婚の前に死んだ乙女《おとめ》の霊《れい》ウィリの1人となった彼女は、アルブレヒトと再会するのですが……。

160年前に生まれたとは思えないほど、みずみずしい魅力《みりょく》にあふれたジゼル。第1幕の彼女は、恋する喜びにあふれた少女です。踊りが大好きな彼女は、その喜びをアルブレヒトや友人たちとの様々なダンスで表現します。アルブレヒトとの恋を花びらで占《うらな》う場面など、こまやかな演技も見どころですが、アルブレヒトの裏切りを知り、ショックのあまり正気を失っていく「狂乱《きょうらん》の場」は最大の山場《やまば》。これまでにもいろいろなバレリーナがすばらしい名演技を見せています。

いっぽう第2幕のジゼルは、肉体のないウィリ。パ・ド・ドゥでは、空気のような彼女の体がアルブレヒトの腕からするりと逃げていくように見えますし、ジュテやバットゥリーを行うたびに、白いロマンティック・チュチュがふんわりとなびくありさまは、ほんとうに幻想的《げんそうてき》な美しさです。つねに空中を漂《ただよ》っているような軽やかさを表現するには、たいへん高度なテクニックが必要です。

恋する喜びや恋人への断《た》ちきれない思いの切なさを、自分の大好きな踊りに託《たく》してひたむきにうったえかけるジゼルは、多くのダンサーの共感を呼《よ》ぶヒロイン。また自分を裏切ったアルブレヒトを、肉体を失ってもなお愛し続ける彼女は、もっとも観客の涙を誘《さそ》うヒロインの1人といえるかもしれません。

あなたのジゼルは、どんなイメージですか？

ロマンティック・バレエの傑作『ジゼル』は、1841年にパリ・オペラ座で初演されました。ハイネの本に紹介されていたウィリたちの伝説をヒントに、作家のテオフィール・ゴーティエとサン=ジョルジュが台本を書き、アドルフ・アダンの音楽に舞踊家のジュール・ペローとジャン・コラーリが振付けて、バレエは完成。主役を踊った21才のカルロッタ・グリジの演技も新鮮《しんせん》な魅力にあふれ、『ジゼル』は当時の人気作品の仲間《なかま》入りを果たしました。

19世紀の後半になると、『ジゼル』はしばらくヨーロッパの舞台から忘れさられますが、入れかわりにバレエが盛んになったロシアで、しっかりと定着してゆきます。現在見られる『ジゼル』も、この頃プティパが改訂《かいてい》を重ねて上演した形をもとにしているといわれます。

村娘ジゼルと貴族の青年アルブレヒトの悲恋《ひれん》と、幻想的なウィリたちの群舞《ぐんぶ》が深い感動をあたえるこの作品は、『白鳥の湖』や『眠れる森の美女』と並んで、現在もっとも人気のあるバレエ作品のひとつとなっています。

アルブレヒト

アルブレヒトは、美しく、気品のある貴族の青年。優雅《ゆうが》で満ち足《み》りた暮らしをしていたはずの彼を魅了《みりょう》したのが、村娘ジゼルの飾《かざ》り気のない美しさでした。バチルドという貴婦人《きふじん》の婚約者がありながら、アルブレヒトの心はどんどんジゼルにひかれていきます。第1幕のパ・ド・ドゥで、アルブレヒトはこわれやすい宝物《たからもの》でも扱《あつか》うように、ジゼルをやさしく見つめながら踊ります。そして突然《とつぜん》現れたバチルドとジゼルのあいだで見せる困惑《こんわく》ととまどい。第2幕、自分のせいで死なせてしまったジゼルの墓《はか》にやってくる彼の姿には、深い哀《かな》しみと後悔がにじみます。

王子のような高貴《こうき》さを漂わせながら、とても複雑《ふくざつ》な心も感じさせるアルブレヒト。彼はどうしてジゼルを愛したのでしょう？　貴族の青年のほんの遊び心？　それとも真剣にジゼルを愛し、身分さえ捨《す》てるつもりだったのでしょうか？　バレエのなかには、その答えがはっきりと説明される場面はなく、むしろその部分をダンサーがどう考え、演じるかが、バレエ全体の大きな見どころとなっています。

整った容姿《ようし》や表現力に加え、ウィリとなったジゼルを軽がるとサポートする高度なテクニックが必要とされるアルブレヒト役ですが、彼自身の踊りの最高の見せ場は、第2幕の後半、ミルタやウィリたちの前で踊るヴァリエーション。命も果てよとくり返されるアントルシャやブリゼには、言葉にできないアルブレヒトの思いのすべてが注ぎこまれているようです。

ヒラリオン

ジゼルに思いを寄せる、森番のヒラリオン。ジゼルの家に花や狩《か》りの獲物《えもの》をそっと届《とど》ける姿から、彼の心のうちが伝わってきます。

ジゼルがロイスとばかり仲よくするのが気に入らず、強引に自分の気持ちを伝えようとしますが、ジゼルに「私が愛しているのはロイスだから」と、その申し出を断わられてしまいます。何とかジゼルの心を自分に向けたいと願うヒラリオンは、アルブレヒトの家にりっぱな剣《けん》があるのを見つけ、彼が貴族だということをみんなの前で明らかにします。ところがそれは、愛するジゼルの死という、彼自身にとっても最大の悲劇《ひげき》を招いてしまったのでした。

男っぽくて一本気《いっぽんぎ》なヒラリオンは、エレガントなアルブレヒトとはあらゆる点で対照的《たいしょうてき》な男性。第1幕では、ジゼルへの思いやアルブレヒトへのライバル意識など、複雑な心情を表現します。バレエ団によっては、ぶどう収穫祭《しゅうかくさい》の場面で村人たちといっしょに見応《みごた》えのある踊りを披露《ひろう》することもあります。

第2幕ではウィリに踊らされたあげく沼《ぬま》に沈《しず》められてしまいますが、ここはウィリの恐《おそ》ろしさを示す大切な場面であると同時に、ダイナミックなジャンプなどの見せ場。ベテランから若手まで様々なダンサーが踊りますが、ヒラリオンの複雑な心を表現するには、ゆたかな演技力が不可欠《ふかけつ》といえるでしょう。

ベルタ（母親）

ベルタは、村の小さな家で娘のジゼルといっしょに暮らしています。体が弱いのに踊りが大好きなジゼルを心配するベルタは、踊りすぎて息を弾《はず》ませているジゼルをたしなめるように、ウィリの物語を語って聞かせます。

「あんまり踊りに夢中《むちゅう》になると、ウィリになって、死んだあとまで踊り続けることになってしまうんだよ……」

ベルタの真に迫《せま》った話しぶりに、ジゼルも、いっしょに踊っていた友人たちも、思わず身を震《ふる》わせます。

狂乱の場では、アルブレヒトに婚約者がいたことを知って悲しむ娘を、幼子《おさなご》のように抱いてなぐさめるベルタ。演出によってちがいはありますが、第1幕の幕切れ近く、息を引き取ったジゼルにかけ寄ろうとするアルブレヒトをきっぱりと拒絶《きょぜつ》する態度には、娘への深い愛情がにじみ出ます。ベテランのダンサーが演じ、物語に奥ゆきをあたえます。

クールラント大公とその娘バチルドは、狩りの途中に休息をとるため、ジゼルの家にやってきます。バチルドの豪華《ごうか》なドレスを見て感激《かんげき》したジゼルは、そっと近づいて、美しい布にさわってみます。バチルドは自分のドレスのすそにほおずりしている娘を見てびっくりしますが、ジゼルが縫物《ぬいもの》をしたり布を織《お》っ

ウィルフリード

ウィルフリードは、アルブレヒトに仕《つか》える従者《じゅうしゃ》。いつも忠実《ちゅうじつ》にアルブレヒトに従《したが》っていますが、主人が身分のちがう村娘のジゼルに夢中になっていることを、ひそかに心配しています。第1幕のはじめでは、村人の衣裳に着がえてジゼルの家に向かうアルブレヒトをそれとなく引きとめようとしますが、アルブレヒトは耳を貸しません。手ぶりで去るように命じられたウィルフリードは、しかたなく引きさがります。

アルブレヒトの婚約者バチルドが父親のクールラント大公《たいこう》といっしょにジゼルの家にやってくる場面では、許婚《いいなずけ》どうしの2人が顔をあわせないよう気を使い、狂乱の場では、怒《いか》りのあまりヒラリオンを刺《さ》し殺そうとするアルブレヒトを押しとどめ、いたわるようにその肩《かた》にマントを着せかけます。バレエ団によっては第2幕の森の場面にも、アルブレヒトのお供《とも》をして登場します。

クールラント大公とバチルド

たりするのを日課《にっか》にしていると知って納得。ジゼルに結婚を約束した相手がいると聞くと、自分のネックレスをはずして彼女の首にかけてやります。もちろん、その相手が自分の許婚アルブレヒトと同じ人物だとは夢にも思わずに……。

華《はな》やかな衣裳をまとい、たくさんのお供を連れたクールラント大公やバチルドたちの姿は、村人たちとはくらべものにならないくらい華やかなもの。同時に、貴族と農民《のうみん》の生活がどれほど隔《へだ》たっているかもよくわかります。そのことを象徴《しょうちょう》するのが、思いがけないプレゼントをもらったジゼルが、バチルドの手に感謝の接吻《せっぷん》をしようとする場面。バチルドはほほえみながらも、さりげなくその手を引っこめてしまいます。

踊らずにマイムで演じられますが、立ち居振る舞いや表情だけで貴族らしさを表現しなければならないので、とてもむずかしい役でもあります。とくに華やかさや気品が求められるバチルド役は、主役クラスのダンサーが演じることもあります。

ミルタとウィリたち

ウィリは結婚する前に死んだ乙女たちの霊。森の奥に住み、夜になると現れて優美《ゆうび》なダンスを踊りますが、迷いこんできた人々をつかまえて踊らせ、最後には殺してしまうという恐ろしい一面も持っています。白い衣裳は、彼女たちがこの世で着ることのできなかった結婚の衣裳ともいわれます。

ミルタはそんなウィリたちの女王。ウィリたちのなかで、もっとも気位《きぐらい》が高く、無慈《むじ》悲《ひ》な存在です。ヒラリオンの必死《ひっし》の命ごいも、人間らしい感情を持たないミルタには通じません。彼女はようしゃなくヒラリオンを踊らせ、しまいには沼地《ぬまち》に追いやって殺してしまいます。アルブレヒトも同じ目にあわせようとするミルタですが、ウィリのなかでジゼルだけがミルタに逆らい、アルブレヒトを守ろうとします。

ミルタは、バレエの後半の印象《いんしょう》を決定づける重要な役。第2幕のはじめ、月光《げっこう》のような青いライトを浴《あ》びてミルタが踊るヴァリエーションは、第1幕とはまったくちがう幻想的な雰囲気《ふんいき》で客席を包《つつ》みます。体重を感じさせずに踊る高度なテクニックはもちろん、冷ややかで近寄りがたい威厳《いげん》や、女王の気品も表現しなければなりません。優《すぐ》れたテクニックと容姿に恵まれたダンサーが踊ることが多く、すばらしい踊りを見せたダンサーには、主役に負けない大きな拍手が贈《おく》られます。

第2幕のもういっぽうの主役ともいえるのが、ウィリたちの踊りでしょう。そろって白いロマンティック・チュチュに身を包み、青いライトのなかで踊るウィリたちの姿は、幻想的な美しさに満《み》ちています。

女王ミルタを先頭に、ウィリたちが並んでつくるまっすぐな線や正確な円は、まるで神秘的《しんぴてき》な幾何学模様《きかがくもよう》。アラベスクをして両そでから進んでくるウィリたちの列が舞台中央ですれちがう場面では、みごとにそろった動きに感動した観客から、拍手が起こることもよくあります。

またヒラリオンをとらえたウィリたちが輪《わ》になって小走りにヒラリオンのまわりを回るところには、とらえた獲物

ウィリたちの群舞

ペザントのパ・ド・ドゥ

季節は秋。ぶどうの収穫祭を迎えているジゼルの村では、村人たちが集まって、様々なお祝《いわ》いのダンスを踊ります。

その踊りのなかでもひときわ注目を集めるのが「ペザント（農民）のパ・ド・ドゥ」。ほとんどの場合、1組の男女が、アダージオ、男女それぞれのヴァリエーション、コーダというグラン・パ・ド・ドゥの形式で踊り、華やかな見せ場を作ります。この部分の音楽はアダンではなくブルックミュラーの作曲で、あとからつけ加えられた部分といわれ、バレエ団によってはパ・ド・カトル、パ・ド・シスなど、別の形で踊られることもあります。いずれにしてもクラシック・バレエのテクニックの見せ場であることには変わりなく、若手のソリストなどが活躍する場面になっています。

をけっして逃がさないウィリの恐ろしさがよく出ています。

やわらかく夢のような雰囲気、動きがそろっていてため息が出るほどきれい、など、それぞれのバレエ団のコール・ド・バレエの個性がおどろくほどはっきりと現れるのが、このウィリたちの踊り。女王ミルタのほか、ソリストの踊るドゥ・ウィリが、たくさんのウィリたちをリードします。古い台本では2人のウィリにはモイナ、ズルメという名前があり、それぞれトルコやインドの踊りを披露することになっていたそうですが、現在の『ジゼル』にはそうした場面はありません。

ウィリの伝説

『ジゼル』の台本を書いたテオフィール・ゴーティエにヒントをあたえたのは、ドイツの詩人ハイネの書いた本に出てくるウィリの伝説でした。この本のなかでウィリは婚礼《こんれい》前に死んだ乙女たちの霊として紹介され、生きているうちに満たすことのできなかった踊りへの情熱《じょうねつ》を死んでからも燃《も》やし続けているのだ、と書かれています。

ヨーロッパやロシアの伝説のなかには、ウィリのように美しい踊りや声で人間を惑《まど》わす妖精《ようせい》の話がたくさん登場します。美しい歌声で人間の若者を川に誘いこむ、水の精ルサルカ。夜になると森や沼に現れて、踊ったり歌ったりする妖精イエレ。彼女たちが踊ったあとの草地には丸く焦《こ》げたふしぎな痕《あと》が残り、そのあとにはなにも育たなかったといわれます。

狂乱の場

第1幕のドラマが最高潮《さいこうちょう》に達するのが、「狂乱の場」といわれる場面。アルブレヒトがバチルドの手に接吻しようとするのを見たジゼルは、夢中で2人のあいだに飛びこんでいきますが、2人の態度を見て、アルブレヒトが自分にうそをついていたことをさとります。バチルドの首飾《かざ》りを投《な》げ捨て、母親のベルタの腕のなかに倒《たお》れこむジゼル。やがて起き上がった彼女は、アルブレヒトとの楽しかった思い出や、いっしょに踏《ふ》んだステップを思い出し、1人でたどたどしく踊ります。

花占いのことを思い出したジゼルが、宙《ちゅう》を見つめて花びらをちぎるしぐさをくり返す場面は、観客の涙を誘います。心配して手を差しのべるアルブレヒトやヒラリオンの顔も、もうはっきりとはわからずに、落ちていたアルブレヒトの剣を拾《ひろ》い上げて地面に輪を描くジゼル。最後にジゼルは母親にかけ寄り、ふりむいてアルブレヒトのほうに走り出して、その腕のなかに崩《くず》れ落ちます。

この「狂乱の場」は、アルブレヒトの「裏切り」を知ったジゼルがそのために命を落とすという、とてもドラマティックな場面。ジゼルの哀しみが深く激《はげ》しく観客に伝わらなければ、バレエ全体が説得力をなくしてしまいます。ジゼル役のバレリーナの表現力が問われる、大切な場面といえるでしょう。

ジゼル 第1ヴァリエーション

ジゼルはぶどうの収穫を祝う村人たちに「収穫祭の女王」に選ばれ、ぶどうや花で飾った冠《かんむり》をつけてもらいます。（この場面の演出はバレエ団によって異なります）このヴァリエーションは、そうした明るい雰囲気のなかで踊られるもの。派手《はで》ではありませんが、楽しげで可憐な印象の踊りです。弦楽器《げんがっき》を中心にしたやさしい音楽に

のってアラベスクやアティテュードのポーズを見せたり、ポアントで立ってトントンと舞台上を進んだり、ほほえみながら幸せそうに踊るジゼル。最後はピルエットで舞台を1周する、スピードのある動きでしめくくられます。
実《みの》りの季節のなかで、アルブレヒトに愛され、満ち足りているジゼルの気持ちが伝わってくるかわいらしいヴァリエーション。踊りが大好き、というジゼルが、ダンスで自分の気持ちを語っているような場面です。コンクールの課題曲にもよく選ばれますね。

花占い

第1幕のはじめ、ジゼルはひなぎくの花を摘《つ》んで、アルブレヒトとの愛の行方《ゆくえ》を占います。花びらを1枚ずつちぎりながら、にっこりほほえんだり、首を横に振ったりするジゼル。ところが、花びらを数えて、哀しい結果が出ることに気づいたジゼルは、顔を曇《くも》らせて立ち上がってしまいます。アルブレヒトはジゼルの不安を取りのぞこうと、急いで彼女の落とした花を拾い上げ、1枚の花びらをそっとちぎり捨てます。
「ほら、よく見てごらん！　ぼくらは幸せになれるんだよ」
そう囁《ささや》いているかのように、やさしくジゼルに花を見せるアルブレヒト……。ふたりの仲のよさがよくわかるほほえましい場面ですが、占いの結果は、このあとの悲劇を暗示《あんじ》しているようです。

ジゼルとアルブレヒトのパ・ド・ドゥ

第1幕

2人がバレエのなかではじめていっしょに踊る、幸せそうな場面です。

第1幕、ノックの音で家から出てきたジゼルは、スキップをするような軽い足取りで、恋人の姿を探《さが》します。始めのうちはアルブレヒトが近づいただけではずかしそうにしているジゼルですが、ベンチに座って花占いをしたあとは、アルブレヒトと腕を組み、弾むような音楽にのってパ・ド・ドゥを踊ります。おたがいに向かって投げキスのしぐさをしたり、グラン・ジュテをしながらあたりを1周するところにも、恋する2人のうきうきした気持ちがあふれているよう。

このあと、ジゼルの友人の娘たちが踊るダンスに2人が加わり、さらに華やかな踊りがくり広げられます。一列に並んだ娘たちの両はしにジゼルとアルブレヒトがついて、大きな風車《ふうしゃ》のように回りながら踊る場面などが印象的。また、楽しそうに踊っていたジゼルが胸をおさえて立ち止まり、アルブレヒトが心配そうにかけ寄るなど、後半のドラマを予感《よかん》させる場面も含まれています。

お墓の前で

腕に白い花を抱《かか》え、ジゼルのお墓を訪《おとず》れるアルブレヒト。自分が身分をかくしていたことから、こんなことになるなんて……。お墓の前にひざまずいて物思いに沈《しず》むアルブレヒトの前に、白いドレスに身を包んだジゼルが現れます。思わずアルブレヒトが手を伸ばすと、ジゼルの体は幻《まぼろし》のようにふわりと逃げていってしまいます。

このパ・ド・ドゥが踊られるのは、ウィリになったジゼルとアルブレヒトがはじめて出会う、とても哀しい場面。肉体を失い、空気のような存在になったジゼルと、人間のアルブレヒトは、どんなに望んでも以前のようにおたがいを抱《だ》きしめることはできません。

アルブレヒト役のダンサーがジゼルの体を軽がるとリフトするようすはとても美しく、でも、どこか夢のなかのような、はかない感じをあたえます。アルブレヒトがジゼルの体を地面と平行に高くリフトしたり、ジゼルがグラン・ジュテで跳《と》びながら、ひらりひらりと花を投げるところなどが印象に残ります。

ミルタの前で

ウィリたちにとらえられたアルブレヒトは、ミルタの前に連れて来られ、死ぬまで踊るように命じられます。そこへジゼルが現れ、アルブレヒトを自分の墓の十字架《じゅうじか》の前に導《みちび》きます。そこにはミルタの力も届《とど》かず、魔法《まほう》の力のこもったローズマリーの枝も折れてしまうからです。

ジゼルはアルブレヒトの代わりに踊り始めますが、アルブレヒトはじっとしていることができず、いつのまにか十字架を離《はな》れて、ジゼルといっしょに踊り出します。

このパ・ド・ドゥのなかには、ふわふわと地上を離れて漂うようなジゼルのジャンプや、蝶《ちょう》がはばたくようなジゼルの動きに合わせてアルブレヒトが高いリフトを行うなど、印象的なシーンがたくさんあります。幕切れ近く、アルブレヒトが死力《しりょく》を尽《つ》くしてジャンプを続ける場面は、男性ダンサーのテクニックの見せ場としても有名です。

ウィリになったいまも愛するアルブレヒトを救《すく》いたいと願うジゼル、また自分の過《あやま》ちを悔《く》やんでも悔やみきれないアルブレヒト、それぞれの切ない思いが動きの一つひとつからにじみ出て、見る人の心に深い感動をあたえます。

「ラ・バヤデール」

美しい舞姫《まいひめ》ニキヤのひたむきな愛と
それぞれに情熱的《じょうねつてき》なゆえにゆずれない恋心
エキゾティックで豪華《ごうか》な舞台が見る人に力強く迫《せま》ります！

編《あ》んで長くたらした髪、東洋《とうよう》風の衣裳が似合うニキヤは、寺院《じいん》の舞姫。『ラ・バヤデール』『バヤデルカ』というタイトルは、それぞれフランス語とロシア語で舞姫を表す言葉です。第1幕のはじめ、顔を覆《おお》いかくして登場するニキヤは、ハイ・ブラーミンがベールを取った瞬《しゅん》間《かん》、輝《かがや》くばかりに美しい姿を観客の前に現します。

ニキヤ

神に踊りをささげる舞姫として、近寄《ちかよ》りがたいまでの気品を感じさせるいっぽうで、とても情熱的なところもあるニキヤ。戦士《せんし》ソロルを心から愛し、ハイ・ブラーミンの求愛《きゅうあい》をきっぱりとはねつけますし、ガムザッティがソロルと結《けっ》婚《こん》しようとしているのを知ると、われを忘れてナイフをふりかざします。恋人の裏切りを知ったショックで死んでしまうジゼルなどとくらべると、ずいぶん激《はげ》しい性格ですが、反対にそこがニキヤの魅力《みりょく》。ハイ・ブラーミンの薬を拒絶《きょぜつ》し、ソロルへの愛を貫《つらぬ》いて死んでいく第2幕の幕切れも、強烈《きょうれつ》な印象《いんしょう》をあたえます。

そんな彼女の高貴《こうき》さがひときわ輝くのが「影《かげ》の王国」の場面。それまでの艶《あで》やかな衣裳から純白《じゅんぱく》のクラシック・チュチュにかわり、凛《りん》とした表情で踊る姿は、深い感動を呼びおこします。

登場人物たちのあいだで恋の情熱が複雑《ふくざつ》にからみあうバレエの前半では、女優のような演技力とエキゾティックな身のこなしを、後半ではクラシック・バレエの高度なテクニックを見せなければならないニキヤ役。いろいろな国のダンサーが個性あふれる演技を披露《ひろう》していますが、熱い恋にあこがれる人なら、いつかは踊ってみたいと思う役のひとつでしょう。

『ラ・バヤデール』は、レオン・ミンクスの音楽でマリウス・プティパが振付けたバレエ。古代インドの文学「シャクンタラー」にヒントを得てつくられたこの作品は、豪華な美術、情熱的な恋のさやあてなど、エキゾティックな魅力にあふれています。

バレエは、ヒロインの舞姫ニキヤと戦士ソロルの恋を縦糸《たていと》に、幻想的《げんそうてき》な白いバレエが展開《てんかい》する「影の王国」、寺院が崩壊《ほうかい》するクライマックスへと、ドラマティックに進んでいきます。

1877年にロシアのマリインスキー劇場で初演されたときは5幕7場の大作でしたが、のちに改訂《かいてい》され、20世紀の前半には寺院崩壊の部分は上演されないのが一般的となっていました。現在ではふたたび最終幕まで上演するバレエ団が増え、ラブ・ストーリーの華《はな》やかさと白いバレエのあざやかな対比《たいひ》があらためて注目を集めています。

あらすじ

第1幕

寺院の舞姫たちのなかでも、ひときわ美しいニキヤ。高僧《こうそう》として人々の尊敬を集めるハイ・ブラーミンも、彼女の美しさに魅了《みりょう》され、地位を象徴《しょうちょう》する冠《かんむり》を自《みず》らはずして愛を訴《うった》えますが、ニキヤが心から愛しているのは、勇敢《ゆうかん》な戦士ソロルです。虎退治《とらたいじ》から帰ってきたソロルは、聖《せい》なる火の前でニキヤに永遠の愛を誓《ちか》います。ものかげからそのようすを見ていたハイ・ブラーミンは、何としてもふたりを引き離《はな》し、ニキヤを自分のものにしようと決心するのでした。

藩主《はんしゅ》ドゥグマンタの館を訪《おとず》れたソロルは、華やかな踊りや音楽で歓迎《かんげい》されます。ドゥグマンタはソロルを、娘ガムザッティの花むこにしようと考えていたのです。ソロルはおどろきますが、主人であるドゥグマンタの願いをはねつけることができません。しかも着飾《きかざ》って現れたガムザッティは、おどろくほど美しい娘です。ソロルはニキヤに愛を誓ったことを忘れ、とうとう、ガムザッティの手を取ってしまいます。嫉妬《しっと》に燃《も》えるハイ・ブラーミンは、ドゥグマンタのもとを訪れ、ソロルにはニキヤという恋人がいると告《つ》げ口します。それを聞いた

ガムザッティは、侍女《じじょ》アイヤに命じてひそかにニキヤを呼《よ》び出します。ソロルの絵姿をニキヤに見せ、この男性こそ自分の結婚相手だと告げるガムザッティ。逆上《ぎゃくじょう》のあまりニキヤは彼女に刃物《はもの》を向けますが、アイヤに阻《はば》まれます。ガムザッティもまた、ソロルをだれにも渡さないと強く心に誓います。

第2幕

ガムザッティとソロルの婚約《こんやく》の宴《うたげ》が華やかに開かれ、たくさんの人々がお祝《いわ》いの踊りを披露します。哀《かな》しみに沈《しず》むニキヤも、美しい花を盛《も》ったかごを渡され、2人のために踊ります。ところが、花かごのなかにはドゥグマンタとガムザッティが仕掛《しか》けた毒蛇《どくへび》が潜《ひそ》んでいました。蛇にかまれたニキヤは、ハイ・ブラーミンが差しだす薬にも目をくれず、ソロルへの愛を貫き通して、息を引きとります。

第3幕

罪の意識にさいなまれるソロルは、夢のなかでニキヤの幻影《げんえい》に出会い、彼女への愛をあらためて確信《かくしん》します。そんなソロルの思いをよそに、ガムザッティとの結婚の準備は着々《ちゃくちゃく》と進み、ついに寺院の前で結婚式が行われることになります。2人の手を取って重ね合わせるハイ・ブラーミン。しかし、いつわりに満《み》ちた結婚は神の怒《いか》りにふれます。雷鳴《らいめい》がなり響《ひび》き、逃げまどう人々の上に、寺院が音をたてて崩《くず》れ落ちてきます。

ソロル

ニキヤの恋人ソロルは、勇《いさ》ましい戦士。

物語は、彼が虎退治から帰ってきたところから幕を開けます。無事に再会できたことを喜び、ニキヤに永遠の愛を誓うソロルですが、藩主のドゥグマンタから娘のガムザッティと結婚するようにいい渡され、心がゆらぎます。愛するニキヤ、美しく魅惑的《みわくてき》なガムザッティ。そして彼が選んだのは、藩主の娘との華やかな結婚でした。

バレエの後半、ソロルはニキヤの幻影と出会い、自分がほんとうに愛していたのは彼女だとさとりますが、ニキヤの命はもどってきません。そしてガムザッティとの結婚式は、もう目の前に迫っていました……。

大きな虎をものともしない戦士ソロルも、魅惑的な女性に心まどわせる「弱さ」をもっていることでは、『白鳥の湖』のジークフリートや『ラ・シルフィード』のジェームズと同じ。いかにも古典バレエのヒーローらしい人物といえるでしょう。

戦士という役柄だけあってダイナミックな跳躍《ちょうやく》や回転の見せ場が多く、テクニックのあるダンサーにはぴったりのキャラクター。いっぽうで、裏切った恋人への複雑な思いや、後悔の気持ちを的確に観客に伝える表現力も欠かせません。

藩主として大きな権力《けんりょく》をふるうドゥグマンタ。ひげを蓄《たくわ》え、豪華な衣裳に身を包《つつ》んだ姿は、童話《どうわ》の挿《さ》し絵に出てくる東洋の王様そのものです。虎退治で手柄《てがら》を立てたソロルに、娘のガムザッティの花むこになるよう言い渡しますが、ソロルにはニキヤとい

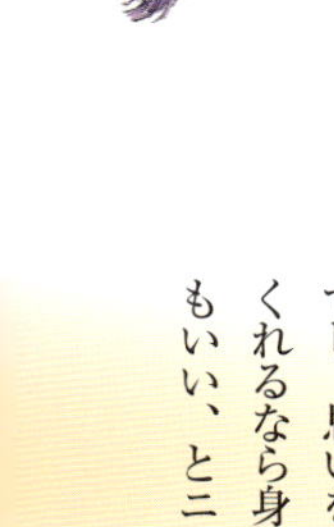

マグダヴェヤと苦行僧《くぎょうそう》

りっぱな衣《ころも》を着て威厳《いげん》を漂《ただよ》わせるハイ・ブラーミンたちとは対照的《たいしょうてき》に、ぼろをまとった姿で登場する苦行僧たち。第1幕の寺院の場面で、聖なる火を囲《かこ》んで踊る姿は荒々《あらあら》しく野性的《やせいてき》で、遠い未知《みち》の国でくり広げられる物語のなかに見る人を引きこみます。

その長マグダヴェヤは、ニキヤとソロルがひそかに会う手助けをしたり、ニキヤの死を哀しむソロルを気づかって、蛇使いの笛《ふえ》を聞かせたりと、狂言回《きょうげんまわ》しのような役目もつとめます。ダイナミックなジャンプや動きの鋭《するど》さが要求されるマグダヴェヤは、テクニックに定評《ていひょう》のあるダンサーや、伸びざかりの若手ダンサーがよく踊ります。

神に仕《つか》える身でありながら、舞姫ニキヤに魅了されてしまうハイ・ブラーミン。冠をはずし、思いを受け入れてくれるなら身分を捨《す》ててもいい、とニキヤに迫り

ガムザッティ

ソロルの愛をめぐり、ニキヤと激しくぶつかりあうガムザッティ。藩主ドゥグマンタの娘として、なにもかも思い通りになる生活を送ってきた彼女は、誇《ほこ》り高く、自分の意志を曲げない女性です。父ドゥグマンタにソロルの絵姿を見せられ、一《ひと》目《め》で気に入った彼女は、彼を花むこに迎《むか》えようという父の考えに同意します。ハイ・ブラーミンの言葉からニキヤの存在を知り、彼女を呼びだしたガムザッティは、その美しさにおどろき、どんなことがあっても彼女をソロルから遠ざけなければ、と決意します。ガムザッティの部屋で、2人が争《あらそ》う場面は、前半の大きな見せ場。自分の身につけている豪華なブレスレットやネックレスをニキヤにあたえてソロルをあきらめさせようとするガムザッティと、激しく反発《はんぱつ》するニキヤ。1人の男性を巡《めぐ》る女性どうしの戦いは、あくまで優美《ゆうび》でありながら、火花を散《ち》らすような迫力《はくりょく》に満ちています。

ソロルの心をゆり動かすガムザッティ役は、ほとんどの場合、主役ニキヤと対等《たいとう》の人気と実力をもつダンサーが演じます。第1幕ではマイムが中心ですが、第2幕の婚約式では、ソロルと組んで華やかなパ・ド・ドゥを踊ります。パ・ド・ドゥではとても幸福《こうふく》そうなガムザッティですが、そのあとで哀しそうに踊るニキヤを、どんな気持ちで見つめていたのでしょうか。ニキヤの持つ花かごから現れた蛇は、ガムザッティのジェラシー（嫉妬）の化身《けしん》だったのかもしれません。

ドゥグマンタ

う恋人がいることをハイ・ブラーミンから聞かされます。怒《おこ》ったドゥグマンタは、ソロルではなくニキヤを殺すと宣言。体格に恵まれたダンサーや、ベテランのダンサーが演じます。

ハイ・ブラーミン

ますが、つれなく断わられてしまいます。

そのニキヤが戦士ソロルと相思相愛《そうしそうあい》の仲《なか》であることを知った彼は、嫉妬の炎を燃え上がらせ、2人のことを藩主ドゥグマンタに告げ口するのですが……。

さっと手を上げただけで苦行僧たちをうち従《したが》える威厳を持ったハイ・ブラーミンですが、その心のうちには、ニキヤへのなまなましい感情が渦《うず》を巻いています。この役を演じるには、マイムのうまさとともに大きな存在感と演技力が必要。ベテラン・ダンサーの力の見せどころです。

婚約式の踊り

ドゥグマンタの宮殿《きゅうでん》の前庭で、ガムザッティとソロルのために華やかな婚約の宴が開かれます。マーチ風の音楽にのってたくさんの踊り手が入場してくるのを見ると、これから何が始まるのか、思わずわくわくしてしまいます。そこで披露される様々な踊りのなかから、代表的なものをご紹介しましょう。（ディヴェルティスマンはバレエ団によって入れ替わったり、省略《しょうりゃく》されることもあります）

太鼓《たいこ》の踊り

激しい太鼓の音とともに、上半身をむき出しにした男性ダンサーたちが勢いよく舞台に走り出てきます。目がまわるほど速いテンポの音楽にのり、脚を大きく振り上げながら踊るダンサーたちは、野性味《やせいみ》たっぷり！ ドンドンという太鼓の音が客席にまで響き、見ている人までいっしょに踊っているような気分になります。男性群舞《ぐんぶ》の圧倒的《あっとうてき》なエネルギーが、そのままこの踊りの見どころとなります。

つぼの踊り

頭につぼをのせた女性が、じょうずにバランスをとりながら、しなやかな身のこなしで踊ります。つま先立ちで踊っても、くるりと回っても、つぼは落ちそうで落ちません。2人の少女が加わり、コミカルで楽しそうな踊りが続きます。いかにも東洋的で、エキゾティックな雰囲気《ふんいき》を盛りあげる踊りです。

ブロンズアイドルの踊り

ブロンズアイドルとは、青銅《せいどう》で作った像《ぞう》のこと。バレエでは、黄金色《こがねいろ》に輝く仏像が突然《とつぜん》踊りだす、不思議なシーンです。人間をこえた存在が踊るという設定なので、振付には超絶技巧《ちょうぜつぎこう》がいっぱい。バレエのなかでも注目される場面だけに、どのバレエ団でも指折《ゆびお》りのテクニシャンが踊り、目をみはるような回転やダイナミックな跳躍をすずしい顔でこなします。全身を金色に塗《ぬ》ったり、金色のボディ・タイツを着たりという大胆《だいたん》な姿も目を引きますが、人形振りを思わせる角《かく》ばった身のこなしや、印《いん》を結ぶようにかまえられた両手のポーズも印象的。

婚約の宴のなかで踊られることがほとんどですが、バレエ団によっては最終幕の結婚式の場面で踊られます。

ガムザッティとソロルのパ・ド・ドゥ

婚約の宴のクライマックスで、ガムザッティとソロルが女性群舞やソリストたちといっしょに披露する、華やかな踊り。サリー風の豪華な衣裳を着ることが多いガムザッティも、この場面だけはクラシック・チュチュにポアントで登場します。

踊りは2人の華麗《かれい》なグラン・ジュテやピルエットで始まり、アラベスクやアティテュードのポーズが美しいアダージオへと続きます。ソロルのヴァリエーションは、カブリオールやマネージュなど、豪快なジャンプの見せ場がたっぷり。可憐《かれん》な雰囲気のなかにも華やかなテクニックがたくさん盛りこまれたガムザッティのヴァリエーションは、コンクールの課題にもよく選ばれます。

女性群舞のワルツを加えてさらに雰囲気が盛りあがるなか、ガムザッティはイタリアン・フェッテとグラン・フェッテ・アン・トゥールナンを披露。ソロルのサポートでポーズを決めた瞬間、2人の幸福感は最高潮《さいこうちょう》に達します。

ラスト・シーンはふたとおり？

寺院が崩れ落ちるラスト・シーンが印象的な『ラ・バヤデール』。でも、この場面が見られるようになったのは、意外に最近のこと。20世紀の前半、ロシアでは「影の王国」からあとの部分は上演されないのがふつうでした。『ラ・バヤデール』がはじめてヨーロッパに紹介されたのは1960年代ですが、このときも「影の王国」だけが抜粋《ばっすい》で上演されたのです。

けれど、1980年にナタリア・マカロワがプティパの原典《げんてん》に近い版《はん》をアメリカン・バレエ・シアターで発表すると、迫力ある最終幕を含めた全体の展開にも大きな注目が集まりました。その後は「影の王国」で終わるパリ・オペラ座バレエやマリインスキー劇場バレエと並んで、アメリカン・バレエ・シアターやロイヤル・バレエのように、最終幕まで上演するバレエ団も増えてきました。

新国立劇場バレエ団で上演されている牧阿佐美版も、最終幕まであるタイプ。崩れた寺院の上を、ニキヤがひとり天上《てんじょう》に昇《のぼ》っていくラスト・シーンが心に残ります。

影の王国：群舞

ゆったりとした音楽にのり、女性ダンサーたちがアラベスクをくり返しながら長い列を作っていく「影の王国」の場面。背《はい》景《けい》の暗闇《くらやみ》に白いチュチュが映《は》え、女性たちのやわらかい動きや整然《せいぜん》としたフォーメーションとあいまって、夢のような美しさを醸《かも》しだします。『白鳥の湖』の第2幕などと並び、プティパが作った白いバレエの最高峰《さいこうほう》といわれているのもうなずけます。

この舞姫たちは、じつはすべてソロルの夢のなかに現れたニキヤの姿ともいわれます。なるほど、ニキヤの死への哀しみでいっぱいになっているソロルの目には、永遠の時間のなかで生き続ける彼女が、このような形で見えたのかもしれません。

現代なら映像処理《えいぞうしょり》やコンピュータ・グラフィックスでいろいろな表現が可能ですが、プティパはたくさんのダンサーを使って、非現実的な世界をみごとにつくり出してみせたといってもいいでしょう。

ニキヤとソロルのパ・ド・ドゥ

第3幕
影の王国でのパ・ド・ドゥ

自分の心がわりからニキヤを死なせてしまったことを深く後悔するソロルは、夢のなかでニキヤの幻《まぼろし》と出会い、パ・ド・ドゥを踊ります。純白のチュチュを身にまとい、近寄りがたい気高《けだか》さを漂わせるニキヤと、許《ゆる》しを求めるように頭をたれるソロル。3人の舞姫の踊りなどをはさんで、美しいアダージオやヴァリエーションがくり広げられますが、とくに有名なのは、ニキヤとソロルが1枚の長いスカーフを持って踊るシーンでしょう。

デリケートなヴァイオリンの音色のなか、ニキヤはソロルのかかげるスカーフのはしを持ち、優美な回転やこまやかな足さばきを披露します。スカーフは、たとえ生と死の世界に分かれていても、2人が精神的な絆《きずな》で結ばれていることのあかし。このあと音楽は速さを増して、コール・ド・バレエを含めたコーダへと続いてゆきます。きらびやかさにあふれたガムザッティとソロルの婚約のパ・ド・ドゥとは、対照的《たいしょうてき》な雰囲気の踊りです。

ニキヤとソロルのパ・ド・ドゥ

第1幕

マグダヴェヤから、ソロルが外で待っていると告げられたニキヤ。そっと寺院の外に出てみると、そこには虎退治から帰ったばかりのソロルの姿がありました。喜びでいっぱいになったニキヤは、ソロルにかけ寄り、その腕に飛びこみます。

やさしい音楽にのってゆったりと踊られるこのパ・ド・ドゥは、ニキヤとソロルがおたがいの気持ちを表現する、大切な場面。両手をつなぎ、おたがいの目を見つめあいながら踊る2人の姿からは、どれほど相手を愛《いと》しいと思っているかが伝わってくるよう。踊りのはじめに、後ろ向きに大きくジャンプしたニキヤをソロルが受け止める場面も、深い信頼に結ばれた2人の心を物語ります。力強いソロルのグラン・ジュテも見ものです。

ニキヤの花かごの踊り

幸せに輝くガムザッティとソロルのパ・ド・ドゥのあと、ニキヤが現れ、哀しみのソロを踊ります。ヴァイオリンの音色とともに体を深くしならせ、すすり泣いているようなニキヤですが、ソロルからの贈《おく》りものだという美しい花かごを渡されると、少しだけ心を慰《なぐさ》められます。

速いテンポの音楽にのり、いきいきとした表情を浮かべて踊るニキヤ。ところが彼女のささげ持つ花かごのなかには、恐ろしい蛇が潜んでいたのでした。

幸福と悲劇がかわるがわる襲《おそ》ってくる、ドラマティックな場面での踊り。物語を知ってから見ると、なんだかドキドキしてしまいますね。

「ラ・シルフィード」

白いロマンティック・チュチュが印象的《いんしょうてき》な
空気の精《せい》シルフィードの物語
タータン・チェックや舞台のしかけ
バージョンごとのちがいもしっかりチェック！

空気の精シルフィードは、ヨーロッパ各地の伝説に出てくる様々な妖精の仲間《なかま》です。ロマンティック・バレエの時代には、ウィリや妖精など、この世の存在ではないものがバレエの主役としてもてはやされました。そして、人間のような体重を持たず、ふわふわと漂《ただよ》う彼女たちの軽やかさを表現するために、透《す》ける白い布を重ねたロマンティック・チュチュやトウシューズが考案《こうあん》されたのです。背なかに小さな羽根《はね》をつけ、ロマンティック・チュチュで膝下《ひざした》までおおったシルフィードは、当時のバレリーナの姿をほうふつとさせます。腕を体の前で交差《こうさ》し、うつむきかげんに背筋を伸ばした姿勢や、片手を軽くほおに当てたポーズなども、いかにもロマンティック・バレエらしいものです。

シルフィード

人間のジェームズを好きになってしまったシルフィードは、いつのまにか家のなかに入りこみ、ジェームズの寝顔をじっと見つめたり、彼のまわりを誘《さそ》うように飛びまわります。もうすぐ結婚《けっこん》するジェームズが彼女を拒《こば》むしぐさをすると、悲しそうに顔を覆《おお》いますが、なぐさめられるとすぐに元気をとりもどし、花嫁《はなよめ》がまとうタータン・チェックのストールを体に巻きつけて見せたりします。そんな彼女の無邪気《むじゃき》さや、つかまえようとすると暖炉《だんろ》の煙突《えんとつ》からすうっと逃げていってしまうとらえどころのなさが、ジェームズの心をいっそうかき乱します。

どこへでもらくらくと飛んでいくことができ、人間のように生活の苦労など知らないシルフィードは、あまりにも純粋《じゅんすい》。彼女が願うのはただひとつ、「大好きなジェームズといっしょにいたい」ということだけです。そのためにエフィが悲しんだり、ジェームズが不幸になるかもしれない、ということは、彼女の心には浮かばないのでしょう。シルフィードを踊るダンサーは、ロマンティック・バレエ独特のスタイルとともに、こうした純粋さや愛らしさをどう表現するかも注目されます。

19世紀前半は、妖精《ようせい》たちの登場するロマンティック・バレエが脚光《きゃっこう》を浴《あ》びた時代。その代表的な作品が、『ラ・シルフィード』です。バレエといえば、だれもがトウシューズをはいて踊るダンサーを思いうかべますが、そのイメージを最初に広めたのもこの作品でした。1832年にパリで初演されたとき、人々はポアントで軽やかに踊るマリー・タリオーニを見て、「ほんとうに宙《ちゅう》を飛んでいるよう」と感激したといわれます。

マリーの父、フィリッポが行った初演当時の振付は忘れさられてしまいますが、デンマークに伝わるブルノンヴィル版《ばん》、1972年にピエール・ラコットが初演版の資料に基づいて復刻したラコット版などが、現在も人気を集めています。

ジェームズ

ジェームズは、スコットランドの農村《のうそん》に暮らす若者。もうすぐエフィというかわいい娘と結婚することになっています。ところがその結婚の日に、透きとおった羽根のある美しい妖精シルフィードが自分のまわりを飛びまわるのを見て、すっかり彼女に魅了《みりょう》されてしまいます。シルフィードにひかれる気持ちを抑《おさ》えきれなくなったジェームズは、結婚式の最中《さいちゅう》、彼の指輪《ゆびわ》をかすめとって飛びさったシルフィードを追って、森へとかけ出します。なげき悲しむエフィや友人たちを残して……。

シルフィードに魅せられ、彼女を自分のもとにとどめておきたいと願ったジェームズですが、最後には、美しいシルフィードとエフィの愛情の両方を失ってしまいます。

結婚という大きな幸せを目の前にしていたのに、どうしてジェームズはシルフィードに恋《こい》してしまったんだろう？　と不思議に思う人もいるかもしれません。つかまえようとしてもするりと逃げてしまう幻《まぼろし》のようなシルフィードは、もともと人間のジェームズとは住む世界のちがうもの。でも、ロマン主義の時代には、妖精のような現実離《ばな》れしたものにひかれる心に、深い関心がはらわれたのでした。考えてみれば、夢のようなとらえどころのないものに魅力を感じるのは、21世紀の現代に生きる私たちだって同じですよね。

ブルノンヴィル版では、背筋を伸ばした美しい姿勢と、ジャンプやすばやい足さばきがちりばめられたヴァリエーションが見応《みごた》え充分。ラコット版ではシルフィードをそっとサポートする、やさしい雰囲気《ふんいき》が印象的です。

シルフィード風

パリでの初演のとき、主役マリー・タリオーニの爆発的《ばくはつてき》な人気とともに、「シルフィード風」のファッションやお菓子《かし》が大流行したというのは有名な話です。髪に花を飾《かざ》り、白一色で身を包《つつ》んだシルフィードのスタイルは、たしかにとてもきれいですね。

でも、そのいっぽうでエフィやジェームズたちの着ている衣裳も、とても興味深いもの。とくにジェームズやガーンの衣裳を見て、「男の人なのにスカートをはいてる！」とびっくりした人もいるかもしれません。

彼らの衣裳のもとになっているのは、『ラ・シルフィード』の舞台、スコットランドの民族《みんぞく》衣裳。スカートのような衣裳はキルトと呼ばれ、れっきとした男性の伝統的な服装《ふくそう》です。またスコットランドにはタータン・チェックという伝統的なもようがあり、その色や柄《がら》は、家によってちがうものが使われます。ジェームズや友人たちがみんなチェックの衣裳を着ているのには、そんな背景《はいけい》があったんですね。ちなみにジェームズが腰につけている毛皮《けがわ》のポシェットのようなものは、スポーランという小物入れ。キルトには欠かせない装身具《そうしんぐ》だそうです。

エフィ

タータン・チェックのドレスが愛らしいエフィは、ジェームズの婚約者《こんやくしゃ》。髪に花を飾り、盛《せい》装《そう》して、花嫁になるときを心待ちにしています。ちょっぴりはずかしそうに母親や友人の祝福《しゅくふく》を受けていたかと思えば、手相《てそう》を見たマッジにジェームズとはうまくいかないといわれて悩《なや》んだり、エフィの心はなかなか複雑《ふくざつ》です。そして、いよいよ花束《はなたば》を手にジェームズに歩み寄ろうとしたそのとき、彼はシルフィードを追って森のほうへとかけ出して行ってしまいます。花むこに置きざりにされてしまった彼女の気持ちは、いったいどんなものだったでしょう!

エフィが望むのは、愛する人と結婚してあたたかい家庭を築《きず》くという、いかにも女性らしい幸せです。第1幕、結婚のお祝《いわ》いに訪《おとず》れた友人たちとの場面では、晴れやかな表情で楽しそうに踊ります。ラコット版では、シルフィードやジェームズといっしょに踊るパ・ド・トロワも大きな見せ場。このときエフィは、シルフィードの姿は見えなくても、ジェームズが自分ではないだれかにひかれているのを感じ、悲しそうに顔をくもらせます。ブルノンヴィル版ではガーンや友人たちといっしょに、森のなかまでジェームズを探《さが》しに行きます。

ガーン

ガーンは、ひそかにエフィに思いを寄《よ》せる青年。エフィをじっと見つめて、控《ひか》えめに心のうちを伝えようとするのですが、エフィはジェームズとの結婚を控えた身。彼の気持ちに応えてはくれません。ところが、魔法使《まほうつか》いのマッジに「エフィを幸せにするのはジェームズではなく、おまえだよ」といわれ、ガーンの望みはふたたび燃《も》え上がります。ジェームズが結婚式を放り出してシルフィードを追いかけていってしまい、エフィががっかりしているのを見ると、彼女の前に進み出て手を差しのべ、あらためて結婚を申しこみます。

妖精という夢のような存在にあこがれるジェームズに対して、現実の女性であるエフィだけを愛し、忠誠《ちゅうせい》を誓《ちか》うガーンは、堅《けん》実《じつ》で地に足のついた男性ということになるでしょうか。エフィも最後には彼のプロポーズを受け入れ、2人の結婚式の行列《ぎょうれつ》がバレエの幕切れを彩《いろど》ります。踊りの見せ場は少ないのですが、ジェームズのロマンティストぶりや、妖精の世界と人間の世界のちがいをはっきりと見せる、大切な役です。

マッジ

魔女《まじょ》とはいっても、カラボスやロットバルトのような強大な存在ではなく、人間臭《くさ》さのようなものも感じさせるマッジ。結婚式の日にジェームズの家に現れた彼女は、異様《いよう》な姿をジェームズにあやしまれて追い出されそうになります。集まってきた娘たちにせがまれて、彼女たちの未来を占《うらな》いはじめた彼女は、エフィの番になると、みんながびっくりするようなことを口にします。エフィを幸せにするのは、その日彼女が結婚することになっているジェームズではなく、ガーンだと……。

第2幕では、シルフィードに夢中《むちゅう》になっているジェームズに魔法のスカーフをあたえ、これをシルフィードの肩《かた》にかければ彼女は永遠におまえのもの、とそそのかします。その言葉どおりにしたジェームズは、結局シルフィードを失ってしまうのですが、マッジはよほどジェームズに腹を立てていたのかもしれませんね。

そんな印象がよりはっきりと伝わってくるの

友人たち

第1幕、ジェームズの家に彼とエフィの友人たちが集まって、2人の結婚を祝う踊りをくり広げます。タータン・チェックの服に身を包んだ彼らの踊りは、だれもが知っているフォーク・ダンスのように親しみやすく、明るい雰囲気。夢のようなシルフィードたちの踊りとはちがって、生活感やいきいきとした力強さを感じさせるシーンです。

ラコット版では、エフィとジェームズが見ている前でまず女性たちが踊り、それから男女のカップルたちが、スコットランドの民族舞踊風の動きをとりいれたダンスを踊ります。

どちらかといえば静かなラコット版にくらべ、とてもにぎやかなのがブルノンヴィル版です。弾《はず》むようにステップを踏み、腕を組んで回る友人たちの踊りに、いつしかエフィとジェームズも加わり、お祝いの気分は最高に盛り上がります。

パ・ド・トロワ

ラコット版では、第1幕の友人たちの踊りに続いて、シルフィード、エフィ、ジェームズの3人がパ・ド・トロワを踊ります。その日の主役として、舞台の中央でパ・ド・ドゥを踊りはじめたエフィとジェームズのあいだに、いつのまにか現れたシルフィードが風のように加わるのです。

ジェームズにはシルフィードが見えますが、まわりのみんなにもエフィにも彼女の姿は見えません。エフィをやさしくサポートしながらも、そのむこうから魅惑的《みわくてき》な目で自分を見つめるシルフィードに、思わず見とれてしまうジェームズ。シルフィードはまるで自分が花嫁であるかのように、ふわりふわりとジェームズに近づいて踊ります。シルフィードが見えないエフィも、ジェームズが何かほかのものに気をとられているのを感じ、不安そうな表情を浮かべます。

パ・ド・オンブル（影《かげ》の踊り）ともいわれるこの踊りは、それぞれの人物の微妙《びみょう》にくいちがう心を表すものとして、ラコット版の大きな見せ場となっています。シルフィードの夢見るような表情とやわらかな動き、エフィの可憐《かれん》なピルエットなどが印象的ですが、まったくちがう世界に住む2人の女性を相手に踊るジェームズ役のダンサーは、表現力、サポート力など、様々な力を要求《ようきゅう》されます。3人それぞれのヴァリエーションも見応え充分。

がブルノンヴィル版。森のなかへジェームズを探しにきたガーンに、ジェームズのことなど放っておいてエフィと結婚しなさいと入れ知恵をしたり、最後の場面でも、絶望《ぜつぼう》のあまり気を失ったジェームズをあざけるかのようだったり。男性が演じることも女性が演じることもあり、ベテラン・ダンサーの演技力の見せどころです。

マッジと森の仲間

第2幕のはじめ、霧《きり》の流れる森のなかで、マッジと仲間たちが踊るのがこの場面。白い衣裳のシルフィードたちがポアントで軽やかな踊りを見せるのとは対照《たいしょう》的《てき》に、マッジたちは引きずるような衣裳に身を包み、体を深く折りまげて踊ります。陰鬱《いんうつ》な音楽にのったその踊りは、まるで地を這《は》うようなイメージです。

煮《に》えたぎる鍋《なべ》を囲《かこ》んで、仲間たちと何やら魔法をかけていたマッジは、やがてそこから1枚のスカーフを取り出します。それこそがシルフィードから生気《せいき》をうばい、ジェームズの運命を変えてしまうスカーフ。でも、楽しそうに森へやってくるシルフィードもジェームズも、まだそんなことは夢にも知りません。

森のなかのパ・ド・ドゥ

第2幕、シルフィードを追って森の奥へとやってきたジェームズ。そこはシルフィードと仲間の妖精たちが住む、不思議な世界でした。木々のあいだを自由に飛びまわるシルフィードを、ジェームズは夢中で追いかけます。妖精たちに囲まれて、2人は幸せそうにパ・ド・ドゥを踊ります。

主人公の2人が、だれにもじゃまされずに心ゆくまで踊るこの場面は、作品全体のハイライト。また、舞台いっぱいに踊る妖精たちの群舞《ぐんぶ》もたいへん見応えがあります。

バレエ・コンサートなどでは、この部分だけが上演されることもあります。森のなかで妖精たちが踊るという設定は、ロマンティック・バレエのもうひとつの傑作《けっさく》『ジゼル』の第2幕にも似ていますね。

ラコット版は、シュナイツホーファーの音楽のやさしい雰囲気にふさわしく、全体的に詩情ゆたかでやわらかい印象です。妖精たちのコール・ド・バレエが、輪《わ》になったり列を作ったりしてみごとなフォーメーションの美を見せるなか、ジェームズにサポートされたシルフィードが、空中を漂うように踊ります。

ブルノンヴィル版は、ロヴェンショルドの明快《めいかい》な音楽にのって披露《ひろう》される、2人のヴァリエーションが大きな見せ場。なかでもジェームズがジャンプしながら力強い足さばきを見せるところは、男性ダンサーのテクニックの見せどころです。

スカーフのパ・ド・ドゥ

マッジから魔法のスカーフをもらったジェームズは、これでシルフィードを永遠に自分のものにすることができる、と胸を躍《おど》らせます。彼が期待したとおり、シルフィードはスカーフを見たとたん、ほしくてたまらなくなってしまったよう。木の枝《えだ》から小鳥の巣《す》をそっと取ってジェームズの前に差しだし、どうかそのきれいなスカーフをください、とやさしく訴《うった》えます。気まぐれなシルフィードが逃げないようにタイミングを見はからい、ジェームズは思いきって彼女の体にスカーフをかぶせます。するとどうでしょう！　2枚の羽根が抜けおちるところまでは、マッジのいったとおりでした。ところが、シルフィードはみるみる生気を失い、ジェームズの腕のなかでぐったりとしてしまいます。

スカーフを空中になびかせて踊るジェームズの、ちょっといたずらっぽい表情と、それを追いかけるシルフィードの軽やかな動きが、弾《はず》むような楽しい雰囲気を作り出します。それだけに、魔法のスカーフをかけられたシルフィードが急に元気をなくしてしまう場面はとても哀《かな》しいもの。ラコット版で、ぐったりしたシルフィードをジェームズがそっと抱き上げて踊るシーンは切なく胸を打ちます。妖精と人間の恋のはかなさを象徴《しょうちょう》するようなパ・ド・ドゥです。

舞台のしかけ

物語を効果的《こうかてき》に見せるため、バレエの舞台には様々な工夫《くふう》がこらされますが、妖精たちが登場するロマンティック・バレエでは、ステージをより幻想的《げんそうてき》に見せるためのしかけが多く使われました。現在の『ラ・シルフィード』でも、いろいろなところでマジックのような工夫を見ることができます。

そのひとつが、第1幕で窓辺に現れたシルフィードが、足を動かさない姿勢のまま、するすると床まで降りてくるところ。窓枠《まどわく》の一部が小さなエレベーターのようになっているのです。煙突のなかへすうっと上がっていく場面も、大げさなしかけではありませんが、おやっと思わせる効果は満点。

シルフィードといっしょにいるところをガーンに見られたジェームズが、あわてて彼女をいすに座らせ、ストールをかけてかくすところは、まさに手品《てじな》のようです。みんなを連れてもどってきたガーンが、「ほら、妖精がここに」とばかりストールをめくると、そこにはもうシルフィードの影も形もありません。

バレエ団にもよりますが、第2幕でも、シルフィードたちをワイヤーで吊《つ》ったり、ポーズをとったまますべるように動かしたりと、様々な工夫が見られます。終幕、死んでしまったシルフィードを仲間たちが運んでゆくところは、ワイヤーを使った場面のなかでも、とくに大がかりでみごとなものです。

エスメラルダ

背景

異国情緒《いこくじょうちょ》あふれる音楽や衣裳がすてきな『エスメラルダ』のパ・ド・ドゥも、もとは全幕作品のなかで踊られていたものでした。バレエ『エスメラルダ』がはじめて上演されたのは1844年、ロンドンの王立《おうりつ》劇場《げきじょう》でのこと。チェーザレ・プーニの音楽でジュール・ペローが台本と振付を行い、カルロッタ・グリジが主役を踊りました。現在見られるいくつかの踊りは、それから40年ほどあとに、マリウス・プティパが新たに振付をし直したときのものです。

ストーリーの原作は、ヴィクトル・ユゴーの有名な長編小説《ちょうへんしょうせつ》『ノートルダム・ド・パリ』。ローラン・プティの傑作《けっさく》バレエ『ノートルダム・ド・パリ』も同じ小説をもとにしているのですが、『エスメラルダ』のほうは、いかにも古典バレエらしい華《はな》やかな仕上がりです。15世紀末のパリを舞台に、ジプシーの娘として成長したヒロインのエスメラルダと、彼女をめぐる3人の男たちの物語がくり広げられます。

踊り

『エスメラルダ』というタイトルを聞いて、多くの人が思い浮かべるのは、ひたいや手首をアクセサリーで飾《かざ》り、片手にタンバリンを持った女性が踊るヴァリエーションかもしれません。この踊りを含むパ・ド・ドゥは、ジプシーの一団《いちだん》のなかでエスメラルダが踊るもの。リズミカルななかにも少し哀《かな》しげな調子《ちょうし》をおびた音楽と、ジプシー風のあでやかな衣裳が、エキゾティックな魅力《みりょく》をふりまきます。高く上げた足のつま先で、手に持ったタンバリンをたたくようにする振付は、みなさんもきっとご存じでしょう。

『白鳥の湖』のオデットのような「白いバレエ」のヒロインとはまたちがい、おとなびた妖艶《ようえん》さも感じさせる踊りです。

やっぱり ハッピーエンドが好き♥

いろんな事件を乗り越えて
最後に愛する人と結ばれるヒロインは
みんなのあこがれ！　喜びいっぱいのバレエを紹介します

人気のヴァリエーションをチェック★

「シンデレラ」

継母《ままはは》たちにいじわるをされても
やさしさを忘れないシンデレラ
その心の美しさが
ハッピー・エンドを引き寄せます☆

シンデレラ

「シンデレラ」のお話は、17世紀にフランスで出版されたシャルル・ペローの童話集《どうわしゅう》におさめられています。継母や義理《ぎり》の姉さんたちにいじめられていたシンデレラが、やさしい仙女《せんにょ》の助けで王子と出会い、結婚《けっこん》して幸せになるというお話は、だれもがいちどは耳にしたことがあるでしょう。

やさしくけなげなシンデレラは、お母さんが亡《な》くなってから、そのあとにやってきた継母と2人の姉さんに召使《めしつか》いのように働かされています。みすぼらしい服を着せられ、食器洗いや床《ゆか》みがきはもちろん、姉さんたちのドレスの手入れも彼女の仕事。シンデレラはフランスではサンドリヨンというのですが、これは「灰《はい》かぶり姫」という意味。シンデレラがいつも炉《ろ》の灰の上に座っているから、姉さんたちがからかい半分につけたあだ名です。

そんなつらい身の上でも、シンデレラは明るさを失いません。おなかをすかせたおばあさんにはパンを分けてあげるし、舞踏会《ぶとうかい》に連れていってもらえなくても、その楽しいようすを思い浮かべながら、ほうきといっしょに踊ります。

仙女の魔法《まほう》のおかげで、あきらめていた舞踏会に行けることになったときは、きっととびあがるほどうれしかったでしょうね。

舞踏会のシンデレラがあまりにも美しく変身していたので、姉さんたちは彼女がだれだかわかりません。ふつうの人ならちょっと仕返ししたくなっても不思議はないのですが、シンデレラは親切にオレンジやレモンを姉さんたちに分けてあげます。そんな汚《けが》れのない心がドレスを通して光り輝《かがや》いていたからこそ、王子も彼女のとりこになってしまったのでしょう。

シンデレラを踊るときは、美しく変身したときのときめきや、どんな姿のときにも変わらないやさしさや気品を表現したいものです。森下洋子、エレーナ・フィリピエワ、吉田都など、これまでに誕生《たんじょう》したすてきなシンデレラは数え切れないほど。あなたもぜひ、あなた自身のすてきなシンデレラを踊ってくださいね。

バレエ「シンデレラ」の原作はシャルル・ペローの童話です。
プロコフィエフの音楽による「シンデレラ」の初演は、
1945年にモスクワのボリショイ劇場でザハーロフという人が振付けたもの。
いろいろな演出がありますが、ボリショイ・バレエ、マリインスキー劇場バレエ、キエフ・バレエ、ロイヤル・バレエなどのものが有名です。

王子

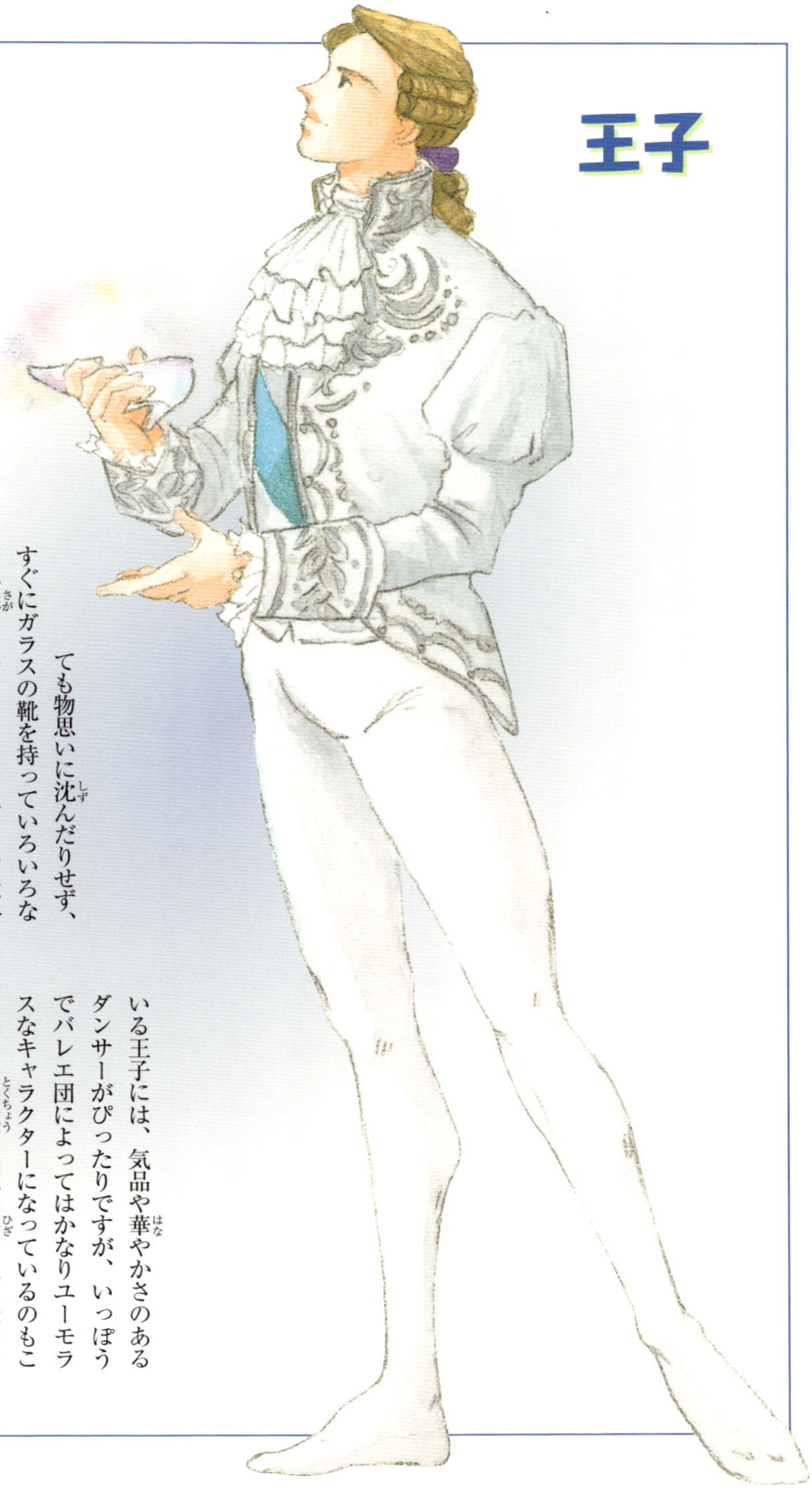

舞踏会ではじめてシンデレラに出会い、その美しさ、やさしさに心をうばわれてしまう王子。それなのに12時の鐘《かね》がなり始めたとたん、シンデレラはあわてて走り去り、王子に残されたのはかたほうのガラスの靴《くつ》だけでした。

ディズニーの映画ではプリンス・チャーミングと呼《よ》ばれるこの王子、いかにも育ちのいい素直な青年というイメージですが、シンデレラがいなくなっても物思いに沈《しず》んだりせず、すぐにガラスの靴を持っていろいろな国へ探《さが》しに行くところを見ると、意外に行動的で情熱的《じょうねつてき》な性格なのかもしれません。

第2幕の舞踏会では、ファンファーレとともに登場し、舞台いっぱいに勇壮《ゆうそう》なジャンプを披露《ひろう》したり、シンデレラと優雅《ゆうが》なワルツを踊ったりと、注目を集める場面もたくさんあります。またシンデレラと王子の踊る場面には美しいリフトがたくさんあるので、サポートもじょうずにできなければなりません。国中の女性たちがあこがれている王子には、気品や華《はな》やかさのあるダンサーがぴったりですが、いっぽうでバレエ団によってはかなりユーモラスなキャラクターになっているのもこの王子の特徴《とくちょう》。王様の膝《ひざ》の上に乗ってしまうような甘《あま》えんぼう王子だったり、姉さんや継母がむりやりガラスの靴をはこうとするのを見てフラフラと倒《たお》れそうになったり、『白鳥の湖』や『眠れる森の美女』の王子たちとはちょっぴりちがう、コミカルな雰囲気《ふんいき》も感じられます。

これまでにアンソニー・ダウエルやアレクセイ・ラトマンスキー、熊川哲也、小嶋直也などが、魅力的《みりょくてき》な王子を演じています。

義理の姉たち

ぼろを着ていても可憐《かれん》なシンデレラとは反対に、いくら着飾《きかざ》ってもちっとも美しくない義理の姉さんたち。登場のシーンでは気に入ったスカーフを引っぱりっこしてとうとう破《やぶ》いてしまったり、どうやらおたがいに強烈《きょうれつ》なライバル意識を持っているようです。

舞踏会の前になると、家の仕事は全部シンデレラに押しつけて、少しでもダンスがうまく踊れるようになろうと大騒《おおさわ》ぎ。ところがせっかくダンスの先生に教わっても、あっちへよろよろ、こっちへぶつかり、もうたいへんなありさまです。舞踏会でも、へんてこなダンスはまわりの笑いを誘《さそ》うばかり。また第2幕、シンデレラを探すために王子が持ってきたガラスの靴に、必死《ひっし》になって大きな足を突っこもうとするところも、演技力ゆたかなダンサーが演じると、おかしくて涙が出そうになります。

そんな彼女たちも、最後にはシンデレラと仲直《なかなお》りすることに。バレエには出てきませんが、ペローの童話によると、そのあとシンデレラは姉さんたちも宮廷《きゅうてい》に連れていき、大貴族《だいきぞく》と結婚させてあげたそうです。

こんなにおもしろい役ですから、演じるダンサーにはたいへんな演技力とユーモアのセンスが求められます。主役級の女性ダンサーが踊り、いつもとちがうオーバーな演技で観客をわかせることも多く、その場合はきゃしゃなシンデレラとのちがいがさらに際立《きわだ》って、強い印象《いんしょう》を残します。

継母と父親

ペローの物語によれば、シンデレラの継母は「だれもそれまで見たことのないほど高慢《こうまん》で思いあがった女」だったとか。そして彼女の2人の娘は、何から何まで母親そっくりだったということです。やさしく美しいシンデレラといっしょにいると、自分の娘の悪いところばかり目立つので、継母は腹立ちのあまり、シンデレラにつらい仕事ばかり押しつけるようになってしまったそうですが、シンデレラにとってはたまったものではありませんね。

継母は娘たちといっしょに舞踏会へ行き、大いに舞台を盛りあげます。しまいにはガラスの靴をはくために、自分の大きな足をはさみで切ろうとしますが、すんでのところでみんなに止められます。2人の姉さんたちと同じように男性が演じることの多い役ですが、バレエ団によっては出てこないこともあります。

いっぽう、そんな継母と結婚してしまったシンデレラのお父さんは、ちょっと気の弱い人だったのかもしれません。シンデレラのことを大切に思いながらも、横暴《おうぼう》な継母や姉さんたちから守ってやることができないのですから。

ペローの原作でも活躍《かつやく》する場面はあまりなく、やはりバレエ団によって登場しないことがあります。

仙女

シンデレラの家にひょっこりと現れる、腰の曲がったおばあさん。継母や姉さんたちは、いやがって追い払おうとしますが、シンデレラだけは親切にパンを分けてあげます。おばあさんは、じつは姿を変えた仙女でした。1人だけ舞踏会に連れていってもらえず、さびしい思いをしているシンデレラの前で本来の優雅な姿を現し、すばらしいドレスやガラスの靴をプレゼントしてくれたばかりでなく、ネズミで御者《ぎょしゃ》と馬を、トカゲで従僕《じゅうぼく》を、カボチャですてきな馬車を作ってくれます。おかげでシンデレラは、だれも見たことがないほど美しい姫君《ひめぎみ》として、舞踏会に出ることができたのでした。

善《ぜん》の妖精《ようせい》、妖精の名づけ親などとも呼ばれるこの仙女、シンデレラを見守り、幸せへの扉《とびら》を開いてくれるところは、ちょっと『眠れる森の美女』のリラの精とオーロラ姫の関係にも似ています。また、バレエ団によっては、仙女をシンデレラの亡くなった母親のもうひとつの姿、としているところもあります。

リラの精と同じように、この役を踊るダンサーにも、安定したテクニックや、包容力《ほうようりょく》に満《み》ちたあたたかい雰囲気が求められます。四季の精の登場の前に踊るソロでは優雅な踊りをたっぷりと見せますし、終幕にもちゃんと登場し、ほかの妖精たちといっしょにシンデレラと王子を祝福《しゅくふく》します。

ほうきの踊り

継母や姉さんたちが出かけてしまい、1人ぼっちになったシンデレラは、とてもさびしくなってしまいます。

「私もお城の舞踏会に行けたら、こんなふうに踊ることができるのに……」

いつしかシンデレラは、華やかな舞踏会を思い浮かべながら、うす暗い部屋のなかでくるくると踊り始めます。パートナーは王子ではなく、彼女がいつも使っている「ほうき」。それでも軽やかにステップを踏《ふ》むうちに、シンデレラの顔には楽しそうなほほえみが浮かんできます。

毎日のそうじに使うほうきさえもダンスのお相手にしてしまうシンデレラのゆたかな想像力《そうぞうりょく》と、あこがれの舞踏会に

自分だけが行けない！　という切ない気持ちが入り混じって、胸がキュンとなるような場面です。

踊るときにじっさいにほうきを持つかどうかはバレエ団によってちがいますが、けなげにさびしさに耐《た》えるシンデレラの気持ちは同じ。

数ある振付のなかでも、ほうきの柄《え》にスカーフを結び、いっしょにワルツを踊るアシュトン版は、とても印象深いものです。日本のバレエ団もほうきと踊る演出をとるところが多く、また踊る人によって、悲しみが前面に出たり、逆境《ぎゃっきょう》に負けない明るいユーモアが目立ったりと、ダンサーの持ち味がたいへんよく現れるところでもあります。さて、あなただったら、どんなふうにこの場面を踊りますか？

四季の精の踊り

仙女がシンデレラにドレスや馬車をプレゼントするシーンで、華やかな踊りを見せる四季の精たち。それぞれが曲調《きょくちょう》の異なる音楽にのって、がらりと雰囲気のちがう踊りを披露します。

まず、躍動的《やくどうてき》な音楽で、小さなジャンプやピルエットを次々に見せる若々しい春の精。けだるい夏の午後のようなゆったりした音楽にのり、絵のような美しいポーズを決める夏の精。秋の精は風に舞い散《ち》る木の葉のようにひらひらと忙《いそが》しく踊り、冬の精はゆるやかに旋回《せんかい》するような曲にのって、こまやかなパ・ド・ブーレを見せてくれます。

ここは、それまでずっと暗い家のなかに閉じこもっていたシンデレラが、はじめて明るい夢の世界に足を踏み入れる場面。季節ごとに変わる音楽の印象がおもしろく、衣裳や背景にも各バレエ団の工夫《くふう》が凝《こ》らされていて見応《みごた》えがあります。実力のあるソリストたちにとっては、絶好の見せ場ともいえるでしょう。それぞれの精が、シンデレラに花やドレス、ティアラなどをプレゼントする演出もあります。彼女たちの祝福を受けたあと、シンデレラはガラスの靴をはき、馬車に乗ってお城へと向かいます。

時間の精

馬車に乗ってお城に出発しようとするシンデレラに向かって、仙女はいいます。

「かならず12時の鐘《かね》がなる前に帰っていらっしゃい。さもないと、すべてが元にもどってしまいますからね」

この場面に登場する1時から12時までの時間の精は、シンデレラがけっして忘れてはならない「12時」という時を思い出させる、大切な役。なにしろ、それを過ぎたらきれいなドレスは元のみすぼらしい服に、馬車はカボチャに、御者と馬はネズミにもどってしまうのですから。それほど気をつけていたのに、王子と踊るのがあまりにも楽しくて、シンデレラは時を忘れてしまうのですが……。

バレエ学校の子どもたちがかわいい衣裳をつけて登場することが多い役ですが、チュチュを着たおとなのダンサーが演じることもあり、バレエ団によってその見せ方はずいぶんちがいます。巨大《きょだい》な時計の鐘の音を思わせるドラマティックな音楽にのって登場します。

舞踏会

きれいなドレスに身を包《つつ》んだシンデレラが、胸をわくわくさせて出かけていった舞踏会。そこには宮廷《きゅうてい》の人々や外国からのお客さまが集まって、華やかな踊りをくり広げていました。

　まずはみんなの服装《ふくそう》を見てみましょう。姉さんやゲストたちのつけている高く結《ゆ》い上げたかつらや、レースのたくさんついたブラウス、大きく張りだしたスカートなどは、ペローの童話集が作られた17世紀の貴族たちの服装を反映《はんえい》しています。そういえばフランスで宮廷バレエが誕生したのもちょうどこのころ。ルイ14世を思わせるみごとな巻毛《まきげ》のかつらをつけた王様が登場することもあります。

　ここで見られる踊りはバレエ団によっていろいろですが、様々に趣向《しゅこう》を凝らした群舞が次々に登場します。外国の王子たちとシンデレラが、ローズ・アダージオのような踊りを踊ることもあります。民族舞踊風《みんぞくぶよう》の踊りもあれば、王子の友人たちがすばらしいジャンプを見せることも。継母や姉さんたちもなんとかパートナーを見つけ、上品ぶって踊ろうとしますが、にわか勉強のダンスではとてもきれいには踊れません。

　舞踏会のハイライトは、やはりシンデレラと王子の踊りです。2人がおたがいを見つめあいながら、優雅なワルツにのって踊る場面はほんとうにすてき。シンデレラが思わず時間を忘れてしまったのも無理はないかもしれませんね。

道化《どうけ》

道化はむかし、王様や王子といった権力《けんりょく》のある人のそばにいて、笑わせたりなぐさめたりする役目をおおせつかっていました。原作の物語のなかには出てきませんが、『シンデレラ』の王子の城にも、きっとそんな道化がいたことでしょう。

　バレエに出てくる道化は、派手《はで》な衣裳に身を包み、すばらしいジャンプや回転を披露して、舞踏会の場面を大いに盛りあげます。バレエ団によっては第3幕でも王子といっしょにシンデレラの家にやってきて、ガラスの靴をためす継母や姉さんたちの世話を焼いたりしています。

　『白鳥の湖』の道化などと同じように、テクニックに自信のあるダンサーなら、いちどはやってみたい役かもしれません。

各国の踊り

　ガラスの靴のかたほうだけを残して消えてしまったシンデレラを探して、王子はいろいろな国へ旅をします。そこで踊られるのがこれらの踊り。最初に王子がやってきたのは、どうやらスペインのよう。フリルつきの長いスカートをはいた女性たちが、華やかにフラメンコを踊ります。次は東洋のどこかの国でしょうか。ターバンを巻いた男たちとハーレムパンツの女たちが、エキゾティックな踊りを披露します。王子はどこかにガラスの靴の合う女性がいないかと探し回りますが、もちろん、靴はそのなかのだれのものでもありませんでした。

　踊りのあいだに流れるせきたてるような音楽が、早くシンデレラを見つけたい！　という王子の心を表しているようです。これらの場面もそれぞれのバレエ団の個性が出るところ。『白鳥の湖』や『くるみ割り人形』のキャラクター・ダンスのように大がかりではありませんが、楽しい場面です。

シンデレラと王子のパ・ド・ドゥ

シンデレラと王子は舞踏会でも様々なダンスを踊りますが、やはり忘れられないのは、幸福感《こうふくかん》いっぱいの終幕のパ・ド・ドゥでしょう。ご存じのように『シンデレラ』の最後には、古典バレエのお約束のような華やかなグラン・パ・ド・ドゥは出てきません。そのかわり、各バレエ団がじつに個性ゆたかな演出で、2人の幸福を引き立てます。シンデレラのみすぼらしい衣裳をとると、その下から純白《じゅんぱく》の衣裳が現れたり、仙女がたくさんの妖精たちを連れて祝福に訪《おとず》れ、そのなかで王子とシンデレラが、幸せそうに踊ったり……。ソビエト時代に作られたボリショイ・バレエの映画のラストでは、シンデレラは妖精たちに囲《かこ》まれて、顔を輝かせながら、けれども質素《しっそ》な衣裳のままで踊っています。またイギリスのロイヤル・バレエや新国立劇場バレエ団が上演しているアシュトン版では、すその長いガウンをつけた2人のあいだに仙女が立ち、おごそかに結婚式を行います。ゆったりとしたアダージオや、2人がよりそって星空に向かって歩いてゆく幕切れも、まるで美しい絵本のページを見ているようです。

　こうして見ると、どのバレエ団のラスト・シーンも、繊細《せんさい》な音楽によく似合う、すてきなものばかり。2人を見ながら、いつかはこんなふうに幸せになりたいなあ、と思ってしまいそうですね。

パキータ

背景

『パキータ』は、1846年にパリ・オペラ座の振付家ジョゼフ・マジリエが、当時の人気バレリーナ、カルロッタ・グリジのために作った全2幕のバレエでした。舞台はフランスのナポレオンに占領《せんりょう》されていたときのスペイン。ジプシーの娘として育ったパキータと、彼女に命を救《すく》われたフランス人士官《しかん》リュシアンが恋《こい》に落ちます。身分のちがう2人の恋は実《みの》らないかに思われますが、やがてパキータがフランス貴族《きぞく》の娘であることがあきらかになり、2人は晴れて結ばれます。

ガラ・コンサートによく登場するグラン・パは、1881年にマリウス・プティパがロシアで改《かい》訂《てい》上演を行ったときにつけ加えられた最終幕の部分。『ドン・キホーテ』でおなじみのレオン・ミンクスの、異国情緒《いこくじょうちょ》あふれる音楽も魅力《みりょく》です。バランシン、ヌレエフ、マカロワなど、いろいろな人が改訂演出を行っていますが、日本ではマリインスキー劇場バレエやレニングラード国立バレエなどが上演するものがよく知られています。

踊り

グラン・パとは、グラン・パ・ド・ドゥにソリストやコール・ド・バレエを加えて、さらに豪華《ごうか》に演じる形式のこと。『パキータ』はその代表的なものです。主役の2人の結婚《けっこん》を祝《いわ》うディヴェルティスマンが次々にくり広げられるこの場面では、たとえストーリーを知らなくても、古典バレエの醍醐《だいご》味《み》を充分に味わうことができます。主役カップルが踊るところも華《はな》やかですが、ソリストがかわるがわる踊るヴァリエーションも個性的。昔からこの部分を踊ってきたダンサーたちが、それぞれ自分のとくいな曲を持ちこんだといわれ、びっくりするほどヴァラエティに富んでいます。コンクールの課題が、これらのヴァリエーションのなかから選ばれることもあるでしょう。コーダでは勢《いきお》いよく走り続けるような音楽にのって、女性主役の回転など、華《か》麗《れい》な技が披露《ひろう》されます。明るくはっきりした踊りが多く、観客ばかりでなく、ダンサーにも人気のある作品です。

「海賊」

メドゥーラ、アリ、コンラッドのパ・ド・トロワや
うっとりするほど美しい花のハーレムなど
華《はな》やかで、ワクワクする踊りがいっぱい☆
登場《とうじょう》人物たちとともに、恋《こい》と冒険《ぼうけん》のストーリーへ、出発！

メドゥーラはギリシャの娘。嵐《あらし》のあと、友人のギュリナーラたちと浜辺《はまべ》にやってきて、流れついた海賊《かいぞく》の首領《しゅりょう》コンラッドたちを見つけます。コンラッドを介抱《かいほう》したメドゥーラは、彼にほのかな恋心を抱《いだ》きますが、そこに思わぬ災難《さいなん》がふりかかります。奴隷商人《どれいしょうにん》のランケデムにつかまったメドゥーラとギュリナーラは、市場で奴隷として競売《きょうばい》にかけられることに。メドゥーラがいよいよトルコの総督《そうとく》パシャに売られそうになったとき、コンラッドたちが現れて!?

めまぐるしく変わる運命に翻弄《ほんろう》されるメドゥーラですが、『海賊』はあくまでもファンタジー。絶体絶命《ぜったいぜつめい》のピンチにも、かならずコンラッドが部下たちといっしょに助けに来てくれるので、安心して見ていられます。踊る人も見る人も、肩《かた》に力を入れずに、冒険のヒロインになりきるのがいちばんいい楽しみ方かもしれません。

メドゥーラの踊りのいちばんの見せ場は、第2幕でコンラッドとその部下アリとの3人で踊るパ・ド・トロワでしょう。ほかにも第1幕の奴隷市場でのソロ、第2幕のパ・ド・トロワの後でコンラッドと踊るパ・ド・ドゥ、第3幕のパシャのハーレムで、群舞《ぐんぶ》といっしょに踊るヴァリエーションなどがあります。

複雑《ふくざつ》なお話と華麗《かれい》なテクニックがちりばめられた『海賊』のヒロイン、メドゥーラを踊るダンサーは、美しい容姿《ようし》や技術を持っていることはもちろん、女性らしい感情を素直に表現できることも大切です。出会いの場面でコンラッドに抱くほのかな思いや、彼が奴隷市場へ助けに来てくれたときのおどろきやうれしさ、コンラッドの寝室《しんしつ》での甘い雰囲気《ふんいき》のパ・ド・ドゥなどを表情ゆたかに演じることで、観客もごく自然に物語の世界に入っていけることでしょう。

イギリスの詩人、バイロンの詩を原作とする全幕バレエ『海賊』は、1856年にジョゼフ・マジリエの振付でパリ・オペラ座で初演されました。恋あり冒険ありのストーリー、迫力《はくりょく》いっぱいの難破《なんぱ》シーンなどで人々を楽しませたこのバレエは、やがてロシアに伝わり、マリウス・プティパの改訂《かいてい》によって、新しく生まれ変わります。コンクールやバレエ・コンサートで人気の『海賊』のグラン・パ・ド・ドゥは、第2幕でヒロインのメドゥーラたちが踊るパ・ド・トロワを、さらに後になってアレンジし直したもの。現在はマリインスキー劇場バレエ、ボリショイ・バレエ、レニングラード国立バレエ、アメリカン・バレエ・シアター（ABT）などが全幕を上演しています。

芸術性の高い踊りや深い感動を味わえるのが『白鳥の湖』のようなバレエなら、『海賊』はわくわくするようなおもしろさに満《み》ちたバレエ。冒険映画を見るような気持ちで、思いきり楽しんでしまいましょう。

コンラッド

コンラッドは、海賊たちのリーダー。嵐で船が難破し、ギリシャの浜辺に流れついたコンラッドは、自分を助けてくれたメドゥーラに一目《ひとめ》でひかれてしまいます。彼女がどこに連れ去られてもあきらめず、とことん追いかけてゆく彼は、とても情熱的な性格の持ち主。恋するメドゥーラの願いならと、奴隷市場からさらってきた女たちをそれぞれの国に帰してやりますが、そのためにビルバントたちの反感《はんかん》を買ってしまいます。

海賊という設定は、王子様や貴公子《きこうし》の多い古典バレエのヒーローにはめずらしいタイプ。でも、海賊はどこか人々のあこがれを誘《さそ》う存在でもあります。きっと、自由と冒険を愛する男たち、というイメージがあるせいなのでしょう。大胆《だいたん》な変装《へんそう》で神出鬼没《しんしゅつきぼつ》、奴隷商人やパシャの手からメドゥーラたちを救《すく》いだす彼らは、とてもさっそうとしていますよね。

そんな気性《きしょう》の荒《あら》い海賊たちの先頭に立って大活躍《だいかつやく》するコンラッドは、たくましくて頼《たよ》れる男性にちがいありません。そこでコンラッド役のダンサーに求められるのは、お行儀《ぎょうぎ》のよさよりも男っぽさ、強さ、そして登場するだけで「待ってました！」と叫《さけ》びたくなるような華やかさ。勇《いさ》ましいマーチ風の音楽にのって仲間《なかま》たちと踊るシーンでは、だれよりも陽気《ようき》に力強く踊ります。

ビルバントとランケデムの計略《けいりゃく》にかかって眠らされてしまうところは、ちょっと頼りない感じですが、パシャの館からメドゥーラとギュリナーラを助け出す大団円《だいだんえん》では、またさっそうとしたところをとりもどします。第2幕のパ・ド・トロワでは、忠実《ちゅうじつ》な部下のアリと2人で、メドゥーラの美しさを最高に引きたてる踊りを披露《ひろう》します。

アリ

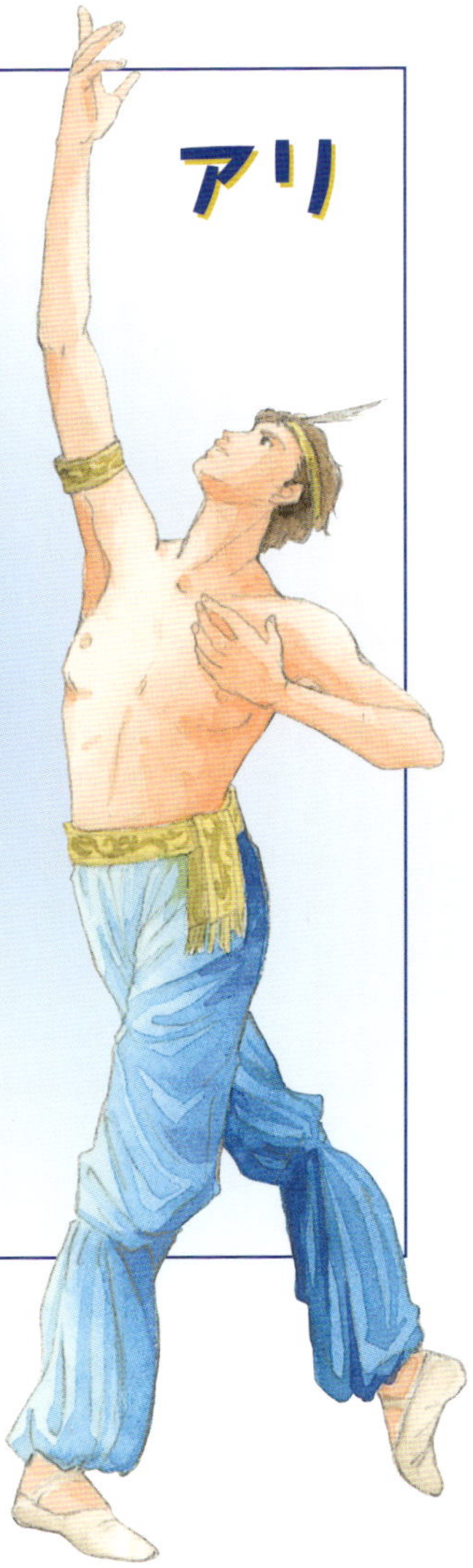

コンラッドの忠実な部下。海辺に流れつくところから奴隷市場での活劇《かつげき》、新しい冒険に向かってふたたび船出するラスト・シーンまで、コンラッドの行くところには、かならずアリの姿があります。いつも頭を低くしてへりくだった姿勢、上半身裸《はだか》にハーレム・パンツという姿には、ほかの海賊たちとはちがってどこか哀《かな》しげな雰囲気も漂《ただよ》っているようで、一説《いっせつ》には奴隷ともいわれます。

けれども、登場人物のなかでもっとも注目を集めるのは、じつはこのアリかもしれません。とくに有名なパ・ド・トロワのなかでアリが踊る部分には、ダイナミックなリフトや跳躍《ちょうやく》、回転など華やかなテクニックがたくさん盛りこまれており、優《すぐ》れたダンサーが踊ればメドゥーラやコンラッドをしのぐほどの拍手がおこります。

高度《こうど》なテクニックを持った男性ダンサーにぴったりの役で、イーゴリ・ゼレンスキー、アンヘル・コレーラなどが当たり役にしています。そのなかでも別格《べっかく》といわれるのがファルフ・ルジマートフ。しなやかな体からくり出されるすばらしいジャンプや回転と、全身からただよう哀愁《あいしゅう》に満ちた表情がすばらしく、当代《とうだい》最高のアリといわれています。

メドゥーラの友人のギリシャの娘。メドゥーラといっしょにランケデムたちにつかまり、奴隷市場へ連れだされたギュリナーラは、おおぜいの人の見守るなかで、ランケデムとパ・ド・ドゥを踊

ビルバント

首領のコンラッドに次ぐナンバー2のような存在のビルバント。腕っぷしも強く、女たちや宝物《たからもの》を見れば迷うことなく奪《うば》い取ります。ところが、コンラッドはメドゥーラの頼《たの》みを聞いて、せっかく市場から連れてきた女たちや宝物をみんな手放《てばな》してしまいます。山分けを期待していたビルバントは、腹の虫がおさまりません。そこで、じゃまなメドゥーラをコンラッドから引き離《はな》すため、奴隷商人のランケデムと手を組むことに。眠り薬をふりかけた花をコンラッドに届《とど》け、彼が眠りこんだすきにランケデムがメドゥーラをふたたびパシャの館へ連れ去ります。めざめたコンラッドといっしょに、そしらぬ顔で悲しんでみせるビルバントでしたが……。

欲望《よくぼう》や裏切りをどう演じるかが見もののビルバント。登場人物のなかでいちばん「海賊らしい」性格といえるでしょう。第2幕、奴隷市場からたくさんの宝物を持ち帰り、ほかの海賊たちといっしょに意気揚々《いきようよう》と踊る場面が見せ場です。

ランケデム

ランケデムは奴隷商人。近隣《きんりん》の国々から美女を捕《とら》えてきては、市場で売り飛ばしてお金をもうけています。浜辺でメドゥーラとギュリナーラを見つけた彼は、さっそく美しい2人をトルコの総督パシャに高い値《ね》で売ろうとするのですが、コンラッドたちのおかげで市場は大騒《おおさわ》ぎに。海賊の洞窟《どうくつ》に連れていかれたランケデムは、なんとか助かろうと、ビルバントといっしょになってコンラッドに眠り薬をかがせようとたくらみます。

弱い者にはすごみをきかせ、強い者にはうまく調子《ちょうし》を合わせる、抜け目のないランケデム。悪役にもかかわらず、市場でギュリナーラと踊る華やかなパ・ド・ドゥなど見せ場が多く、表現力のあるダンサーが演じれば舞台がぐんとおもしろくなるので、主役クラスの男性ダンサーが踊ることが多いのも特徴《とくちょう》です。映像にもなっているABT版でこの役を踊ったのは、理想的《りそうてき》な王子役として知られるウラジーミル・マラーホフ。ヴァリエーションでのダイナミックで美しい踊りと、いかにもずるそうな表情の対比《たいひ》がおもしろく、舞台にぐっと厚《あつ》みが加わりました。

ギュリナーラ

ります。その美しさに魅了《みりょう》されたトルコの総督パシャは、さっそく彼女を買うことに。コンラッドたちがメドゥーラを助けだしたとき、先に買われたギュリナーラだけは、パシャの一行《いっこう》に連れ去られてしまいます。

メドゥーラにくらべておとなしい印象《いんしょう》のギュリナーラですが、第1幕でのランケデムとのパ・ド・ドゥや、第3幕の花のハーレムでのヴァリエーションなど、様々な見せ場があり、主役と同等《どうとう》の実力のあるダンサーが踊ります。メドゥーラとコンラッドのように、ギュリナーラとアリも恋人どうしといわれることもあります。バレエのなかにそれがはっきりわかるような場面はありませんが、マリインスキー劇場バレエのラスト・シーンなどでは、ギュリナーラとアリが仲よく船に乗っている姿が見られます。

パシャ

トルコの総督。といっても、いまのようにテレビや映画がなかった時代には、トルコは「アラビアン・ナイト」の挿絵《さしえ》の世界、おとぎの国に近かったのかもしれません。奴隷市場でメドゥーラとギュリナーラを一目見たパシャは、ふたりの美しさに夢中になります。ついに2人を自分のハーレムに連れてくることに成功したパシャですが、巡礼《じゅんれい》のふりをしたコンラッドたちにだまされて、ふたたびメドゥーラとギュリナーラは自由の身に……。

海賊のコンラッドたちがだれにも縛《しば》られない自由と正義《せいぎ》の象徴《しょうちょう》なら、お金と権力《けんりょく》で何でも思い通りにしようとするパシャは、悪人《あくにん》の代表ということになるのでしょう。派手《はで》な衣裳で着飾《きかざ》り、いばった老人の姿で登場するパシャですが、ふざけた感じになりすぎると作品全体の後味《あとあじ》が悪くなってしまうので、演じる人にはセンスが求められます。踊る場面はなく、マイムでの演技が中心になります。

群舞

ほかの古典バレエと同じように、『海賊』にもいろいろなキャラクター・ダンスや群舞が登場して観客の目を楽しませます。

バレエ団によって演出は異《こと》なりますが、マリインスキー劇場バレエの第1幕では、いろいろな国から連れてこられた女性たちが、奴隷市場で悲しみのダンスを踊ります。長いヴェールに身を包《つつ》んだ女性たちが、ものうげな音楽にのって踊るのが「パレスチナの踊り」。速い音楽で激《はげ》しい悲しみを表すように踊るものは、「アルジェリアの踊り」と呼《よ》ばれています。

第2幕の洞窟では、市場からたくさんの戦利品《せんりひん》を持って引きあげてきたビルバントや海賊たちが、意気揚々と群舞を踊ります。元気のいい音楽にあわせ、勇ましく剣《けん》を振りながらエネルギッシュに踊る彼らは、いかにも海の荒くれ男たち、という感じです。

クラシック・バレエらしい端正《たんせい》な魅力にあふれているのが、第3幕のバレエ・ブランの前に登場する3人の女性の踊り。最初は3人が同じ振付をきれいにそろった動きで踊り、続いて1人ずつヴァリエーションを踊ります。この踊りはバレエ団によっては、第1幕の市場のシーンで見られることもあります。

第2幕、奴隷市場からメドゥーラを助け出したコンラッドたちは、たくさんの財宝《ざいほう》とともにかくれがの洞窟にもどってきます。そこで踊られるのが、このパ・ド・トロワ。囚《とら》われの身から解放され、恋する人と踊れる喜びでいっぱいのメドゥーラと、コンラッド、その部下のアリの3人が踊ります。

この踊りの第一の見どころは、舞台をいっぱいに使って動くスケールの大きさでしょう。コンラッドとアリというたくましい男性2人がメドゥーラを自由自在にリフトして見せ、さらに彼女にささげるかのように回転や跳躍などの大技《おおわざ》を次々に披露するところは、男女1人ずつで踊るパ・ド・ドゥとは一味ちがう迫力です。リフトされた瞬間《しゅんかん》のメドゥーラのポーズの美しさも印象的。

男性2人をよく見ると、メドゥーラをリフトして運んだり、ヴァリエーションでダイナミックなテクニックを見せるのがアリ。コンラッドはどちらかといえば「決め」のポーズ

市場でのパ・ド・ドゥ

第1幕、おおぜいの人でにぎわう市場の中心で、奴隷商人のランケデムがギュリナーラの顔をおおっていた薄《うす》いヴェールを取ると、人びとはその美しさに感嘆《かんたん》の声をあげます。続いて踊られるのが、ランケデムとギュリナーラのパ・ド・ドゥ。ピルエットやジュテがちりばめられたギュリナーラのヴァリエーション、膝《ひざ》を深く曲げて着地するランケデムのジャンプなど、すばらしいテクニックが次々に披露されます。

バレエ・コンサートに登場することも多いパ・ド・ドゥですが、『ラ・バヤデール』のガムザッティとソロルのパ・ド・ドゥと同じように、この踊りにはコーダに当たる部分がありません。華やかなコーダは、真実《しんじつ》の愛で結ばれた恋人たちにこそふさわしいのかもしれませんね。

ギュリナーラとランケデムは、いわば敵《かたき》どうし。仲よく踊っているように見えても、うっとり見つめあうことはありません。踊りながら、ギュリナーラが顔をそむけるようなしぐさをしたり、ランケデムがギュリナーラを引きもどすような動きを見せるのも、2人の関係をそれとなく物語っているようです。

パ・ド・トロワ

でメドゥーラを美しくサポートするのが役目、ということができるかもしれません。パ・ド・トロワの最後で、コンラッドがポーズする彼女を高くリフトし、その足もとにアリが身を投げ出す場面は、バレリーナをめざす人なら、いちどはあこがれたことがあるのでは？

バレエ・コンサートで人気のグラン・パ・ド・ドゥは、ルドルフ・ヌレエフがマーゴ・フォンティーンと踊ってから世界的に有名になったもの。こちらの男性はアリを思わせる衣裳で登場、やはりダイナミックなテクニックで観客を魅了します。

花のハーレム

『ドン・キホーテ』の夢の場、『ラ・バヤデール』の影《かげ》の王国のように、プティパのバレエにはかならず「バレエ・ブラン」と呼ばれる、幻想的《げんそうてき》な群舞の場面があります。

『海賊』でその部分に当たるのは、第3幕のパシャのハーレムで女性たちが踊る場面。淡《あわ》いピンクのクラシック・チュチュをつけた女性ダンサーが舞台いっぱいを埋《う》めつくして踊るありさまは、まさに花が咲きこぼれるよう。

「華やぎの園」「生ける花園」などと呼ばれているわけがよくわかります。両手に花のアーチを持ったダンサーたちが並んで踊るところは、『眠れる森の美女』や『くるみ割り人形』の花のワルツにも似ていますね。

物語のなかではエキゾティックな衣裳を身につけることの多いメドゥーラとギュリナーラも、ここではクラシック・チュチュに身を包み、それぞれ美しいヴァリエーションを踊ります。ハーレムとは、イスラム教徒《きょうと》の国で、権力者のお妃《きさき》や仕《つか》える女性たちを集めた場所のことをいいます。

バレエ音楽の作曲家

『海賊』の音楽は、アダン、ドリーブ、ドリゴ、プーニなど、おおぜいの作曲家の作品が集まって成り立っています。また、メドゥーラのヴァリエーションなどでは、『ドン・キホーテ』や『ラ・バヤデール』の音楽が出てくることもあるので、おやっと思われる方もいるでしょう。『白鳥の湖』の音楽はチャイコフスキー、『ロメオとジュリエット』はプロコフィエフ。なのにどうして『海賊』の音楽のところには、いろいろな作曲家の名前が並んでいるのでしょう?

じつは、ひとつのバレエの音楽を1人の作曲家がつくるという習慣《しゅうかん》は、意外にあとになってから確立されたもの。『海賊』がつくられた時代には、バレエはあくまでも踊りが主役で、音楽はその伴奏《ばんそう》という考え方が一般的でした。そのためダンサーが踊りやすく、作品の雰囲気に合うと思われる曲なら、どんどん取り入れられたのです。

音楽が踊りと対等《たいとう》の扱《あつか》いを受けるようになったのは、チャイコフスキーのような作曲家が、完成度《かんせいど》の高いバレエ音楽をつくるようになってから。『くるみ割り人形』『白鳥の湖』などは、バレエなしのクラシック音楽コンサートでもよく演奏されますが、ときにはそうしたコンサートに行ってみると、聞きなれた音楽にも新しい発見がありそうです。

ディアナとアクティオン

背景

ちょっと意外な気もしますが、『ディアナとアクティオン』のパ・ド・ドゥは、バレエ『エスメラルダ』のなかの踊り。１８８６年にマリウス・プティパが『エスメラルダ』を改訂《かいてい》上演したとき、物語の本筋《ほんすじ》とは関係のないディヴェルティスマンとして加えられました。現在踊られているのは、アグリッピーナ・ワガノワが１９３０年代のなかばに、さらに新しく振付けたもの。音楽は、チェーザレ・プーニが『カンダウル王』というバレエのために作曲したものが使われています。

女神《めがみ》ディアナ（ダイアナ）とカドモス王の子アクティオン（アクタイオン）のエピソードは、ギリシャ・ローマ神話《しんわ》に出てきます。森へ狩《か》りに行ったアクティオンは、帰り道、月と狩猟《しゅりょう》の女神ディアナの水浴《みずあ》びする姿を見てしまいます。

神話では、アクティオンは怒《おこ》ったディアナによって牡鹿《おじか》の姿に変えられ、自分の猟犬《りょうけん》たちに八《や》つ裂《ざ》きにされてしまうのですが、バレエにはそこまでのお話は出てきません。２人は恋人《こいびと》たちのように、いきいきと楽しそうに踊ります。

踊り

優美《ゆうび》な回転やダイナミックなジャンプなど、華《はな》やかでむずかしいテクニックがたくさん盛りこまれたパ・ド・ドゥ。弾《はず》むような音楽にのって、神話の登場人物そのままの衣裳に身を包《つつ》んだ２人が現れると、客席はわくわくするような期待に包まれます。

クラシック・バレエの美しさと、ちょっぴり野性的《やせいてき》な印象《いんしょう》がまざりあったこの作品は、お姫《ひめ》様や王子様が主役のパ・ド・ドゥが顔を並べるガラ・コンサートのなかでも、とくに目をひく存在です。男性の踊りには、高いジャンプや回転が次々に出てくるので、テクニックに自信のあるダンサーにはぴったり。狩りの女神にふさわしく、小さな弓《ゆみ》を持って踊る女性ヴァリエーションにも、ピルエットやジャンプがたくさんちりばめられています。ディアナに従《したが》うニンフ役の女性ダンサーたちを加えて、大がかりに踊られることもあります。

「ドン・キホーテ」

明るく元気な主人公が魅力《みりょく》の物語
キトリはもちろん、若手が踊ることの多い
ドリアードの女王など、いつか
踊りたいキャラクターがいっぱい！

キトリ

いつも太陽に顔を向けている花のように、明るく、ちょっぴり気の強いキトリは、バルセロナの町の人気者。高《こう》貴《き》なオデットやオーロラとはちがい、スペインのにぎやかな港町《みなとまち》で暮らす娘という設定が、現代の少女たちにも身近に感じられそうなヒロインです。キトリの父親ロレンツォは宿屋《やどや》の主人ですから、彼女は看板娘《かんばんむすめ》といったところでしょうか。第1幕の登場シーンでは、赤いバラを髪に飾《かざ》ったりして、パッと目を引く華《はな》やかさです。

情熱的《じょうねつてき》なスペインの娘らしく、キトリはハンサムな床屋《とこや》の若者バジルを熱《ねつ》烈《れつ》に愛しています。ロレンツォは金持ちで気どり屋のガマーシュをキトリと結婚《けっこん》させようとしますが、キトリはもちろん相手にしません。

ほかの女の子にちょっかいを出してばかりいるバジルにやきもきしながらも、おたがいに愛しあっているようすが、ユーモラスに伝わってくるのが広場の踊り。やがて2人は手を取り合ってかけ落ちしてしまいます。ジプシーたちに助けてもらったり、なんとか結婚を許《ゆる》してもらおうと、バジルといっしょに居酒屋《いざかや》で大芝居《おおしばい》を演じたりと、大騒《おおさわ》ぎの果てに、最後はめでたくゴール・イン。友人たちに祝福《しゅくふく》されて、華やかに結婚式を行います。

キトリの魅力を色で表せば、強い日ざしに映《は》える、くっきりとあざやかな赤やオレンジでしょう。そんなキトリを踊るときには、王女様のような気品よりも、明るさや親しみやすさが大切です。また、バジルを愛する気持ちを視線や踊りのなかで表したり、彼が死んだと思ってなげき悲しんだりと、様々な感情を表現しなければならないので、ゆたかな表現力ももちろん必要です。ガラ・コンサートやコンクールで踊られるグラン・パ・ド・ドゥには、すばらしいテクニックがたくさん出てきますが、これはキトリとバジルが最後の結婚式の場面で踊るもの。テクニックだけを見るのではなく、キトリがどんな気持ちで踊っているのかも、忘れないようにしたいですね。

原作は世界文学の傑作《けっさく》、セルバンテスの「ドン・キホーテ」。

この物語は何度かバレエにされましたが、いまも基本になっているのは、1869年、マリウス・プティパが振付け、モスクワのボリショイ劇場で上演されたものです。音楽を担当したのはレオン・ミンクス。

プティパのあとにゴルスキーが改訂《かいてい》振付し、活気のあるバルセロナの街を舞台の上に復元《ふくげん》して注目されました。その後、ヌレエフやワシーリエフなども改訂版を発表しています。

ドン・キホーテとサンチョ・パンサが主役の原作は、長い長い物語です。バレエの物語は、その一部からヒントをもらって作られたもの。スペインを舞台に、若いカップルが活躍《かつやく》する楽しいバレエは、愉快《ゆかい》なキャラクターの宝庫《ほうこ》でもあります。

バジル

床屋のバジルは、お金持ちではないけれど、ハンサムですらりとした、なかなかすてきな青年です。陽気《ようき》な彼は、きれいな娘たちを見ると、声をかけずにはいられません。キトリはそのたびにやきもちを焼いていますが、彼だってほんとうはキトリが大好き。それは2人の息の合った踊りを見ればすぐわかります。みんながはやし立てるなか、踊りながらキトリの足にふれようとしてはヒョイとはずされてしまうバジル。2人の明るさと仲のよさが感じられる、ほほえましい場面です。

お金持ちが大好きなロレンツォは、彼をキトリの結婚相手とはなかなか認めてくれません。2人を追いかけてきたロレンツォが、キトリとガマーシュを無理やり婚約《こんやく》させようとしたとき、バジルは黒いマントの下からナイフを取り出し、大げさな身振《みぶ》りで自殺《じさつ》するまねをします。はじめて見る人は、ほんとうにバジルが死んでしまったの？　とびっくりしますが、これが有名な「狂言《きょうげん》自殺」の場面。倒《たお》れる前にマントを床《ゆか》に広げたり、死にそうなふりをしながらキトリにキスをしたりするバジルに、観客は大笑い。ダンサーの演技力の見せどころと言えます。

テクニックや表現力も大切ですが、日本人が見るとちょっとキザかな、というくらいの男っぽさやかっこよさも求められるバジル役。映画などで西欧《せいおう》の男性の身のこなしを観察《かんさつ》するのも、勉強になりそうです。

ドン・キホーテ

バレエではキトリやバジルが主役ですが、セルバンテスの小説の主人公は、このドン・キホーテ。故郷《こきょう》のラ・マンチャで騎士物語《きしものがたり》を読みふけり、すっかり自分が騎士になったように錯覚《さっかく》してしまった彼は、おんぼろの鎧《よろい》を身につけ、近所の農夫《のうふ》サンチョ・パンサをおともに、理想《りそう》の女性ドルシネアを探《さが》す旅に出発します。（いまだって、ゲームに夢中になって、自分がヒーローになったように思ってしまう人、いそうですね）

大きな槍《やり》を持ってやせ馬ロシナンテにまたがり、バルセロナの広場にやってきた彼は、宿屋の娘キトリを見るなり、彼女をドルシネアと思いこんでしまいます。まるで自分がお姫様《ひめ》であるかのようにていねいにお辞儀《じぎ》をされて、キトリはびっくり！　風車《ふうしゃ》に突進《とっしん》して気絶《きぜつ》したりして、たいへんな目にあってしまうドン・キホーテですが、最後にはロレンツォを一喝《いっかつ》してキトリとバジルの結婚を認めさせ、ふたたび冒険《ぼうけん》の旅を続けるために去ってゆきます。

サンチョ・パンサ

ドン・キホーテの従者《じゅうしゃ》として、いっしょに旅を続けるサンチョ・パンサ。ひょろりと背の高いドン・キホーテが遠くにある理想の世界を見つめているようなのにたいして、ずんぐりとしたサンチョ・パンサは、いつも近くにおいしいものがないか探している、食いしんぼうの現実派《げんじつは》です。彼のいちばんの「見せ場」は、第1幕で広場のみんなにからかわれ、胴上《どうあ》げのように空中に放り上げられてしまうところかも?!

ドン・キホーテのことを「世話の焼けるご主人だなあ」と思っているようなふしもありますが、ドン・キホーテが風車に飛ばされて気を失ったときには、一生けんめい介抱《かいほう》したり、助けを呼《よ》びにいったりする忠義者《ちゅうぎもの》です。舞台にほのぼのとした味を加える、貴重《きちょう》なスパイスのような役でもあります。

ロレンツォ

キトリの父親ロレンツォは、港町バルセロナに集まってくる旅人相手の宿屋の主人。商人の彼にとって、かわいいキトリの結婚相手がお金持ちかどうかは重大問題です。ハンサムだけどお金のない床屋のバジルより、お金持ちのガマーシュのほうがいい、と抜け目なく計算。ところがそんな彼の考えとは裏腹《うらはら》に、ガマーシュが大嫌《きら》いなキトリは、バジルといっしょに逃げだしてしまいます。逃げるキトリ、追いかけるロレンツォ。キトリの強情なところは父親ゆずりかもしれませんね。

死にかけたバジルとの結婚を許してくれるよう、涙ながらに頼《たの》むキトリと、仲裁《ちゅうさい》に入ったドン・キホーテの手前、しぶしぶ2人の結婚を許してしまいますが、一瞬ののち、ぴんぴんして起き上がったバジルを見て、だまされた！　と気がつきます。頭をかかえても、もうあとのまつり。存在感のあるベテランのダンサーが演じることの多い役です。

街の踊り子

第1幕のバルセロナの広場で、闘牛士《とうぎゅうし》たちといっしょに情熱的な踊りをくり広げる街の踊り子。闘牛士たちが地面に突き立てたナイフのあいだを、パ・ド・ブーレですり抜けるように踊るシーンが印象的《いんしょうてき》です。

おおぜいの男性ダンサーに囲《かこ》まれて、あざやかなテクニックを見せる街の踊り子は、キャラクター・ダンスのとくいな踊り手にとっては願ってもない役どころ。ただしバレエ団によってその扱《あつか》いは様々で、エスパーダの恋人として登場するメルセデスという女性と合わせて1人のキャラクターになっていたり、さらにキトリの友人の役目を兼ねたりすることもあるようです。バレエ団によっては、キトリの友人にジュアニッタとピッキリアという名前がついていることもありますね。

居酒屋や結婚式の場面でも、フリルのたっぷりついた衣裳と異国情緒《いこくじょうちょ》あふれる踊りでスペインらしさを盛り上げる彼女たちは、『ドン・キホーテ』の楽しい雰囲気《ふんいき》を生みだすために欠かせない名脇役《めいわきやく》といえるでしょう。

ガマーシュ

レースで飾りたてた服装や、ばかていねいな立ち居ふるまいが周囲から浮きまくり、観客の爆笑《ばくしょう》を誘《さそ》うガマーシュ。『ドン・キホーテ』には変わった人物がたくさん登場しますが、そのなかでも目立つのがこのガマーシュでしょう。彼はロレンツォがキトリの婚約者にと決めた人物。お金持ちなのは確《たし》かなようですが、気どった服に気どった身ぶり、しかもかなりの年寄りらしく、とてもキトリの好きなタイプではありません。でも困ったことに、ガマーシュのほうはキトリをとても気に入っているようす。キトリに扇《おうぎ》で頭をたたかれてもなんのその、ロレンツォといっしょにどこまでも2人を追ってきます。

演技派のダンサーがおもしろおかしく演じることが多いのですが、王子役ダンサーとして有名なウラジーミル・マラーホフが踊って話題を呼《よ》んだこともあります。本物の優雅《ゆうが》なマナーを身につけているからこそ、大げさに演じたときは一段とおもしろい、ということかも。

ジプシー

ジプシーは、音楽や踊り、占《うらな》いなどで暮らしをたてながら放浪《ほうろう》を続ける人々です。その生活はけっしてゆたかではありませんが、彼らが伝えてきた音楽や踊りには、人の心を動かす独特の魅力があります。

広場を逃げ出したキトリとバジルがたどりついたのは、そんなジプシーたちの野営地《やえいち》でした。キトリとバジルをかくまってくれた彼らは、追ってきたロレンツォたちに、さっそく踊りや人形芝居を見せ始めます。

はじめは男性たちの躍動感《やくどうかん》あふれる群舞《ぐんぶ》。速い音楽に乗ってつむじ風のように回ったり、タンバリンをならしたりしながら、力強く踊ります。次に登場する女性のソロも、とても印象的。物語と直接の関係はありませんが、恋人を失った悲しみを表しているともいわれる踊りで、長い髪をなびかせ、しなやかに体を反らせて、ドラマティックに踊ります。音楽もとても劇的なので、なんだかドキドキしてしまいますね。キャラクター・ダンサーの見せ場ですが、ヒロインを踊るダンサーが日替《ひが》わりで踊ることもあります。

エスパーダ

バジルの友人エスパーダは、闘牛士です。闘牛士といえば、スペインの人々にとってはスター中のスター。現在の私たちの感覚でいえば、サッカーやF1レースの花形《はながた》選手といったところでしょうか。猛《たけ》り立った牛を相手に命がけのパフォーマンスを見せる、だれよりも男らしい職業ですから、町でも大の人気者。仲間《なかま》の闘牛士たちを連れたエスパーダが、弾《はず》むような音楽にのって登場すると、広場がぱっと華やかになります。

エスパーダは居酒屋や結婚式の場面にも登場し、いろいろな踊りを見せますが、もっとも印象的なのは、やはり仲間たちと華麗《かれい》な踊りを披露《ひろう》する、この広場の場面でしょう。闘牛に使う赤い布ムレタを、くるくると旗《はた》のように振りながら踊る迫力満点《はくりょくまんてん》の群舞。街の踊り子をパートナーにした情熱的な踊り。バジルよりもさらに男っぽさを強調した腕の構《かま》えや胸の張り方は、スペインの踊りフラメンコの特色をよく表しています。

美しい刺《し》しゅうをほどこしたマタドール（闘牛士のなかでも主役をつとめる人）の衣裳が、ときにはバジルよりかっこよく見えるほどの華やかな役なので、エスパーダ役をだれが踊るかは、いつも注目の的になります。

ドリアードの女王

ドリアードは森の妖精《ようせい》のこと。風車にはね飛ばされて気を失ったドン・キホーテが見た夢の場面で、たくさんの森の妖精たちといっしょに登場し、美しい踊りを見せるのがこのドリアードの女王です。

バレエ団によって振付はちがいますが、ゆったりした音楽で交互《こうご》に脚を高く上げたり、イタリアン・フェッテを優雅に見せたり、おとなっぽく気品に満《み》ちた踊りが特徴《とくちょう》。夢の世界の女王様ですから、むずかしくても眉間《みけん》にしわを寄せたりせずに、余裕をもって踊りたいところです。95年にパリ・オペラ座バレエが来日した際には、まだプルミエール・ダンスーズだったアニエス・ルテステュが長身を生かして、うっとりするような踊りを見せてくれました。バレエ団の有望《ゆうぼう》な若手ダンサーが踊ることの多い役です。

人形芝居

ジプシーたちは、キトリとバジルを追ってきたロレンツォ、ガマーシュ、ドン・キホーテたちに、人形芝居を見せます。最初に登場する人形は、美しいお姫様と、お姫様に愛を誓《ちか》う若者。ところがそこに王様が出てきて、無慈悲《むじひ》にも若者を放り出し、お姫様をりっぱな衣裳を着た別の男と結婚させようとします。……なんとなくキトリとバジル、それを追いかけるロレンツォとガマーシュを思わせるようなストーリーですよね。見ていたドン・キホーテは、すっかり話に引きこまれ、「姫を悲しませる者は許さん!」とばかり、人形芝居の舞台へ突進《とっしん》。舞台はこわれ、かくれていたキトリたちはあわてて逃げ出します。

バレエ団によっては本物の人形を使うこともありますが、ダンサーが人形のような衣裳とメイクで踊ることもあります。『コッペリア』や『くるみ割り人形』の人形たちのシーンとくらべてみてもおもしろいかも。

キューピッド

ドリアードの女王やドルシネアといっしょに夢の場面に出てくるキューピッド。軽やかな音楽で小刻《こきざ》みにステップを踏み、美しい光景にぼうっとなっているドン・キホーテをやさしく案内します。短いカーリーヘア、手をあごのあたりにそっと当てたポーズが印象的ですね。音楽も速いテンポですし、ダンサーはきびきびと、それでいて愛らしさを失わないように踊らなければなりません。

絵画や彫刻でも、ふっくらとしたかわいい子どもの姿で表現されることが多いキューピッドは、なんと52人もの子どもたちが演じたこともあったそう。現在も小柄《こがら》なダンサーや10代の若いダンサーがよく踊ります。群舞のなかに、バレエ学校の生徒が扮《ふん》した小さなキューピッドがずらりと勢ぞろいすることもあります。

ドルシネア

騎士物語に登場する騎士たちはみな、自分が心から大切に思う姫君のために勇敢《ゆうかん》に戦います。ドン・キホーテもドルシネアという理想の女性を心に描《えが》き、いつかかならず巡《めぐ》り会えると信じて旅を続けています。バルセロナの広場でキトリを見たドン・キホーテが、彼女こそドルシネアだと思いこんでしまったことから、いろいろなことが始まりました。

美しいドルシネアはドン・キホーテの夢のなかに姿を現し、森の精やキューピッドといっしょに踊ります。キトリとドルシネアを別のダンサーが踊る場合もありますが、ほとんどのバレエ団では『白鳥の湖』のオデットとオディールのように、1人のダンサーが2役で踊ります。白いクラシック・チュチュをつけ、しとやかに踊るドルシネアは、活発なキトリとは対照的《たいしょうてき》なキャラクター。主役ダンサーが、生命力あふれるキトリと幻想的《げんそうてき》なドルシネアをどう踊り分けるかも、『ドン・キホーテ』を見る楽しみのひとつです。舞台上に斜《なな》めに列を作った妖精たちをバックに、のびのびと優美に舞台を横切るところも印象的です。

夢の場

風車に飛ばされて気絶したドン・キホーテの前に現れたのは、たくさんの妖精たちのいる、見たこともないほど美しい世界でした。

「夢の場」と呼ばれるこの場面は、バレエのほかの部分とはまったくちがう、ロマンティックな雰囲気で満たされています。短いクラシック・チュチュの女性ダンサーたちが幻想的に踊るこのシーンは、振付のプティパが再演のときにつけ加えたもの。『白鳥の湖』の湖畔《こはん》の場面や『ラ・バヤデール』の幻影《げんえい》の場と同じように、この世ならぬ不思議な世界、「白いバレエ」の世界です。『ドン・キホーテ』は、音楽も踊りもスペインの明るい雰囲気を感じさせるものが多いので、やさしい音楽とクラシック・バレエらしいやわらかな動きが、とても魅力的に見えるところです。

結婚式のグラン・パ・ド・ドゥ

様々なできごとをのりこえて、とうとう結ばれたキトリとバジル。ドン・キホーテやサンチョ・パンサから話を聞いた公爵《こうしゃく》が、自分の館でお祝いの宴《うたげ》ができるようにはからってくれたので、2人は豪華《ごうか》な公爵の館で結婚式をあげることになります。

結婚式では、友人たちの様々な踊りが2人を祝福します。スペイン舞踊のボレロやファンダンゴ。キユーピッドたちがふたたび現れて踊ることもあります。そして最後に登場するのが、キトリとバジルのグラン・パ・ド・ドゥ。全幕ではふつう、キトリの友人の女性ヴァリエーションをはさみながら踊られます。

華麗な衣裳に身を包《つつ》んだキトリとバジルが、弾むような音楽で登場すると、観客の期待は一気に高まります。アダージオでは、バジルが腕1本でキトリを高く差し上げるリフトや、キトリ役のダンサーのみごとなバランス、華やかなフィッシュ・ダイヴなどが見どころ。男女それぞれのヴァリエーションは、コンクールでもよく踊られます。バジル役のダンサーが勢《いきお》いよく回転、跳躍《ちょうやく》を決めると、観客から拍手がわきます。いっぽうキトリはハープの音色に合わせ、優雅な足さばきを見せます。ガラ・コンサートでは扇《おうぎ》を持って踊る人も多いようです。そしていよいよコーダ！　キトリの32回のグラン・フェッテ、バジルの片脚をア・ラ・スゴンドに保ったままのスピーディな回転などが続き、舞台は最高に盛り上がります。

すばらしい見せ場の連続で、ガラ・コンサートでも大人気の『ドン・キホーテ』のグラン・パ・ド・ドゥ。鍛《きた》え抜かれたテクニックが必要なのはもちろんですが、その華やかな魅力の秘密は、何よりもキトリとバジルの、「うれしくてたまらない」心のなかにあるようです。あなたがこの踊りを踊るときも、愛する人と結ばれるうれしさを忘れないようにしてくださいね！

「コッペリア」

チャーミングなスワニルダ、陽気《ようき》なフランツ
あやしげなコッペリウスなど、楽しい登場人物がいっぱい！
まるで本物のお人形そっくりの「人形振り《にんぎょうぶ》り」など
踊りの見どころもしっかりチェックしよう★

スワニルダ

パフ・スリーブのかわいい衣裳で登場するスワニルダは、活発《かっぱつ》な村娘。ものおじしない明るい性格は、第1幕の登場シーンで踊るワルツからも伝わってきます。

コッペリウスの家のベランダで本を読んでいるコッペリアが気になるスワニルダは、しきりに手を振ったり、「降《お》りていらっしゃいよ」と誘《さそ》う身振りをしながら踊ります。でも、コッペリアはいつまでたっても知らん顔。腹をたてたスワニルダは、「もう知らない！」と背を向けてしまいます。いかにもふつうの女の子らしく、親しみを感じさせるしぐさですね。

スワニルダは結婚《けっこん》の約束をしたフランツを愛していますが、どうやら彼はミステリアスなコッペリアの魅力《みりょく》のとりこになっているよう。心配でたまらないスワニルダは、とうとう友人たちといっしょにコッペリアのいる部屋に忍《しの》びこむのですが……。

第1幕ではコッペリアばかり見ているフランツにやきもちを焼いたり、第2幕では恐《おそ》るおそるコッペリアのスカートにさわってみたり、じつにいろいろな表情を見せるスワニルダ。この役を踊るダンサーは、そんな素直な女の子の感情をいきいきと表現できることが大切でしょう。踊りのほうでも、人形のコッペリアになりすまして「人形振り」やキャラクター・ダンスを見せたり、ユニークな見せ場がいっぱいです。第3幕の結婚式でフランツと踊るパ・ド・ドゥは、ちょっぴりおしとやかな魅力の見せどころ。1870年の初演でスワニルダ役を踊ったのは、まだバレエ学校の生徒だった15才のジュゼッピーナ・ボツァッキでした。予定されていたダンサーが急に踊れなくなったための大抜擢《だいばってき》でしたが、愛らしい演技が大きな評判《ひょうばん》になりました。現在もたくさんのダンサーが、チャーミングなスワニルダを踊っています。

レオ・ドリーブ音楽、アルチュール・サン=レオン振付の『コッペリア』は、1870年にパリ・オペラ座で初演されました。原作は『くるみ割り人形』でも知られるドイツの作家E・T・A・ホフマンの「砂男《すなおとこ》」。サン=レオンらはこのお話をもとに、楽しい踊りがいっぱいのすてきなバレエ作品をつくりあげました。コッペリウス老人の作った自動人形コッペリアと村娘スワニルダ、その恋人フランツをめぐって、にぎやかに恋《こい》の騒動《そうどう》がくり広げられるこのバレエは、いまもいろいろなバレエ団で上演される人気作品。チャルダッシュやマズルカを最初に取り入れたバレエとしても有名です。

フランツ

フランツは村の陽気な若者。スワニルダとは結婚の約束をしていますが、美しいコッペリアが気になってしかたがありません。ベランダの彼女に向かってさかんに手を振ったり、気をひくように踊ってみせたりするのですが、コッペリアはつんと澄《す》ましたまま。そんな謎《なぞ》めいたコッペリアに、フランツはますます魅せられてしまうのでした。

フランツにとって、きれいだけれど近寄《ちかよ》りがたいコッペリアは、喜びや悲しみを素直に表す活発なスワニルダとは、何から何まで対照的《たいしょうてき》な女性に見えたはず。スワニルダが大好きだからこそ、正反対のコッペリアにも心をひかれたのかもしれません。

そう考えると、ちょっぴり浮気《うわき》なものだけど、許《ゆる》してあげたくなりますね。

バレエ団によってもちがいますが、第1幕の見せ場はマズルカを踊る若者たちに加わって見せるヴァリエーションや、やさしい雰囲気《ふんいき》の麦《むぎ》の穂《ほ》のバラードをスワニルダと踊る場面。幕切れ、コッペリアの部屋に忍びこむためにそうっとはしごを持ってくる姿は、「これからいったいどうなるんだろう？」という期待をおおいに盛り上げます。

第2幕ではうまくコッペリウスの家に入りこんだものの、老人の策略《さくりゃく》に引っかかってお酒を飲まされ、コッペリアの姿になったスワニルダがいくら起こそうとしても、ぐっすり眠ったまま。そのかわり、第3幕の結婚式では花嫁《はなよめ》となるスワニルダをやさしくサポートして、華麗《かれい》な踊りを見せてくれます。

このバレエができた当時、フランツ役は男装《だんそう》した女性のダンサーが踊っていました。ですから、ダイナミックなジャンプや回転のあるヴァリエーションなどは、のちに男性ダンサーが踊るようになってから振付けられたもの。王子様のような理想《りそう》の男性ではないけれど、身近でユーモラスな魅力にあふれた役です。

コッペリア

　長いまつげにエナメルの瞳《ひとみ》、機械《きかい》じかけで動く手足。コッペリアは、村の変わり者コッペリウス老人が作った人形です。きれいな服を着てベランダに座《すわ》っている彼女を遠くから見ると、まるで生きている少女のよう。けれど、いくらスワニルダやフランツが呼《よ》びかけても、コッペリアは澄まして本を眺《なが》めているばかりです。

　コッペリア役は、場面によっては実際《じっさい》の人形が使われますが、多くの場合はダンサーが人形振りで演じます。第1幕のはじめ、じっと座っていたコッペリアがとつぜん本を閉じて立ち上がり、フランツの方に向かってあいさつをする場面が見もの。わざとかたい動きで演じるダンサーの体からは、カクッ、カクッという音が聞こえてくるようです。第2幕では、すぐ近くまでやってきたスワニルダと友人たちに、とうとう人形であることを見破《みやぶ》られてしまうのですが……。

　いきいきとしたスワニルダたちにくらべ、自分の意志で動くことのできないコッペリアは、美しいけれどどこか哀《かな》しい雰囲気があるようにも思えます。バレエの最後に、人間になってコッペリアがほんとうに人間になってコッペリウスの前に現れる、という夢のような場面を加えた演出もあります。

コッペリウス

　気むずかしい老人のコッペリウスは、村人たちからはちょっと変わった人物と思われているようです。それもそのはず、彼の家からはときどきへんな音が聞こえたり、あやしい煙《けむり》まで立ちのぼったりするのですから。

　そんなコッペリウスがいちばん愛しているのは、自分で作った人形のコッペリア。

　彼の作り出した様々な人形のなかでも、いちばんかわいらしく、できのいいコッペリアがほんとうに生きて動き出したら、どんなにうれしいことでしょう！　そんなところへやってきたのが、コッペリアを人間の娘だと思いこんでいるフランツです。フランツを眠らせ、その魂《たましい》をコッペリアに吹きこもうと、一生けんめいに魔法《まほう》をかけるコッペリウス。コッペリアは動きだし、魔法は成功したように見えたのですが……。

　コッペリアがほんとうの人間になったと思って大喜びしたのに、スワニルダがコッペリアのふりをしていただけだとわかったとき、コッペリウスはさぞがっかりしたことでしょう。第3幕では、鐘《かね》の式典《しきてん》に現れてなげくコッペリウスに、村長が特別にお金をあたえてなぐさめる場面も見られます。

　コッペリウス役の演じ方は、ちょっと風変《ふうが》わりな老人というものから、魔法使いのようなイメージのものまで、バレエ団によって様々。作品全体の雰囲気を決定づける役なので、表現力のあるベテランのダンサー、演技者が演じることが多いのです。

スワニルダの友人たち

スワニルダがコッペリウスの家に忍びこむ場面を盛り上げるのが、彼女といっしょに行動する友人たちです。好奇心《こうきしん》でいっぱいの娘たちは、現代の女の子たちと少しも変わりません。第1幕の終わりで、おたがいの手をしっかりつないで、恐るおそるドアから入っていく姿が笑《わら》いを誘います。

第2幕のコッペリウスの家のなかでくり広げられる演技にも注目です。いろいろな人形が置いてある部屋に、はじめて入った娘たちは、恐ろしさでわなわなと膝《ひざ》を震《ふる》わせます。やがて部屋の奥でコッペリアを見つけたスワニルダと娘たちは、だれが最初に彼女に近づくかでもめはじめます。表情やしぐさから、「あなたが行きなさいよ」「いやだってば」「早く行きなさいったら！」などという台詞《せりふ》が聞こえてくるよう。

人形振り

コッペリウスの部屋に、1人だけ取りのこされてしまったスワニルダ。とっさの機転《きてん》でコッペリアの服を着て同じ姿勢《しせい》でイスに腰かけ、コッペリアになりすますことにします。すっかり彼女をコッペリアと思いこんだコッペリウスは、フランツの魂を抜きとって彼女にあたえようとおおわらわ。スワニルダは人形のぎくしゃくした動きをまねて動き出します。

スワニルダの「人形振り」は、このバレエの最大の見どころのひとつ。首、腕、脚など、体のあらゆる部分を別々に、機械のようにカクカクと動かして踊ります。音楽に合わせてまばたきだけをするところもあり、ダンサーはたいへんそう！

スワニルダが人形振りをやめ、自然なやわらかい身振りで動きはじめると、コッペリウスは目を見張ります。コッペリウスだけでなく、見ている人みんなが、人間の自然な動きってなんて美しいんだろう、と感じる瞬間《しゅんかん》かもしれません。自分の魔法が効《き》いたと思ったコッペリウスは大喜び。すっかりコッペリアになりきったスワニルダは、続いてドラマティックなスペインの踊りと躍動的《やくどうてき》なスコットランドの踊りを、ちゃめっ気《け》たっぷり、元気いっぱいに踊ります。

麦の穂

第1幕でスワニルダがフランツや友人たちと踊ります。恋人の心が真実《しんじつ》なら麦の穂が音をたてるという言い伝えに、スワニルダも耳もとで麦を振ってみるのですが、なぜか音が聞こえません。フランツは私を愛していないのかしら?

ちょっと心配になるスワニルダですが、美しいヴァイオリンの音色にあと押しされるように、フランツの手をとって踊りはじめます。ときどき見つめあいながらポーズをとるスワニルダとフランツは、いかにも仲《なか》のいい恋人どうしという感じ。やがてスワニルダの友人たちも加わって、女性的なやさしい雰囲気のダンスがくり広げられます。

マズルカとチャルダッシュ

バレエを華《はな》やかにいろどる民《みん》族舞踊《ぞくぶよう》。『コッペリア』は、マズルカとチャルダッシュを最初に取り入れたバレエとしても有名です。どちらも第1幕で登場しますが、バレエの開幕でも演奏《えんそう》される、明るく弾《はず》むような3拍子《びょうし》の音楽で踊られるのがポーランドの踊り、マズルカです。数組のカップルになった村の男女が、衣裳のすそをひるがえして元気よく踊ります。

少し重々《おもおも》しいゆったりとしたテンポで始まるのがハンガリーの踊り、チャルダッシュ。やはり何組かのカップルたちが踊ります。腰に手を当てたポーズや、かかとを打ち合わせるしぐさが特徴的《とくちょうてき》。途中から速くなる音楽にのって、人々の動きもどんどん軽やかになってゆきます。どちらの踊りも、鐘の式典を前に浮きたつ村の雰囲気にふさわしい、楽しい踊りです。

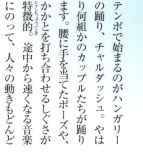

人形の踊り

スワニルダと友人たちが忍びこんだコッペリウスの部屋は、彼が作ったたくさんの人形たちでいっぱいでした。作りかけでまだ服を着ていないのや、剣《けん》を手にした十字軍《じゅうじぐん》とサラセンの騎士《きし》、ピエロ、スペインやスコットランドの女性などが、ところ狭《せま》しと並んでいます。最初はおっかなびっくり眺《なが》めているだけだった娘たちは、少しずつ大胆《だいたん》になって、人形たちを動かして遊びはじめます。てんでに歩き回ったり楽器《がっき》をならしたりする人形たちで、やがて部屋のなかは大騒《おおさわ》ぎに……。

ダンサーたちが人形に扮《ふん》して見せる、それぞれの「人形振り」に注目です。

パ・ド・ドゥ

第3幕、晴れて結婚式を挙《あ》げることになったスワニルダとフランツは、花嫁と花むこの衣裳に身を包《つつ》んでパ・ド・ドゥを踊ります。鐘の式典のディヴェルティスマンのひとつとして「平和の踊り」と呼ばれることもあります。おだやかなヴィオラの音色で始まる音楽にのってアダージオを踊る2人は、幸福感《こうふくかん》でいっぱい。フランツ役のダンサーは、ゆっくりとポーズをとるスワニルダが最高に美しく見えるように、やさしくていねいにサポートします。

フランツのヴァリエーションはバレエ団によってちがうこともありますが、明るくかわいい音楽で踊られるスワニルダのヴァリエーションは、コンクールなどにもよく登場します。ポアントだけでそっと床《ゆか》の上を歩くような導入部《どうにゅうぶ》と、すばやいピルエットとシェネの連続でぐるっと舞台を1周する後半の対比《たいひ》があざやかです。

ヴァリエーションのあとは村人たちも加わって、お祭り騒ぎのうちにクライマックスへ。スワニルダとフランツはここでもみごとな回転やジャンプを披露《ひろう》します。ますます盛りあがる音楽とともに、ダンスはにぎやかなフィナーレへと続いてゆきます。

第３幕のディヴェルティスマン

第3幕では、領主《りょうしゅ》から村にりっぱな鐘が贈《おく》られたのを祝《いわ》って、華やかに式典が行われます。夜明けの鐘、仕事の鐘、祈《いの》りの鐘、結婚式の鐘など、鐘は大切な「時《とき》」を村人みんなに告《つ》げるもの。そこで踊られるのが、鐘がつかれる様々な「時」にちなんだディヴェルティスマンです。

はじめは、女性ダンサーによって踊られる「時の踊り」。12人のダンサーが、ゆったりしたワルツにのって、あるときはそろって、あるときは早回しの時計のように順番にタイミングをずらしながら、優雅《ゆうが》に踊ります。

うす紅色《べにいろ》のチュチュを着た女性ソリストが踊る「暁《あかつき》」は、明るい表情と優美《ゆうび》な身のこなしが、これから始まる1日への希望を物語るよう。続いて踊られる「祈り」も女性ソロ。敬虔《けいけん》に手を合わせるポーズが心に残ります。

ブンブンと糸車《いとぐるま》の回る音を思わせる音楽で踊られるのは「仕事の踊り」。畑仕事の鎌《かま》を持った男女が踊ったり、糸紡《いとつむ》ぎをする女性たちが登場することもあります。

数組のカップルが腕を組んでなごやかに踊る「結婚の踊り」。「戦《いさ》いの踊り」では、ファンファーレのような勇ましい音楽で男性たちがダイナミックなジャンプを見せます。バレエ団によっては、これらのディヴェルティスマンのうちのいくつかが省略《しょうりゃく》されたり、順番を変えて踊られることも多いようです。

コッペリアいろいろ

美しい音楽と楽しい物語が魅力の『コッペリア』は、いろいろなバレエ団が工夫《くふう》をこらして上演しています。たとえばマリインスキー劇場バレエのヴィノグラードフ版《ばん》は、踊りを主体にしたダイナミックな感じ。大がかりな装置《そうち》や衣裳がすばらしいオーストラリア・バレエのペギー・ヴァン・プラーグ版。日本のスターダンサーズ・バレエ団が上演しているピーター・ライト版は、こまやかなストーリー運びが特徴です。

そのなかでもいちだんとユニークなのは、1975年にローラン・プティが振付けたもの。この作品のコッペリウスは気むずかしい老人ではなく、おしゃれな初老《しょろう》の紳士。スマートな燕尾服《えんびふく》に身を包み、黒いドレスの人形コッペリアとみごとなダンスを踊ります。現在は上演されていませんが、プティ本人がコッペリウスを演じる舞台をビデオで見ることができます。

シルヴィア パ・ド・ドゥ

背景

もともとの作品は、1876年にパリ・オペラ座で初演された『シルヴィア、あるいはダイアナのニンフ』という全3幕の大作バレエ。レオ・ドリーブの音楽に、『二羽《にわ》の鳩《はと》』などの作品でも知られるルイ・メラントが振付けました。羊飼《ひつじか》いの若者《わかもの》アミンタスが美しいシルヴィアに恋《こい》をしますが、彼女は人間ではなく、月の女神《めがみ》ダイアナに仕《つか》えるニンフ。（ギリシア神話に出てくる妖《よう》精《せい》）いろいろな回り道のすえ、最後にようやくキューピッドの助けで結ばれるという物語です。

ガラ・コンサートでよく踊られるパ・ド・ドゥは、このバレエの音楽を使ってジョージ・バランシンが振付けたもの。1950年にニューヨーク・シティ・バレエ（NYCB）のマリア・トールチーフらによって初演されました。もとのストーリーとは関係ありませんが、きらめくような音楽と美しい踊りは、見る人の心のなかに、様々なイメージをかきたてます。

踊り

バランシンの作品らしく、しゃれた味わいと華《はな》やかさが同居《どうきょ》した踊りです。古典のグラン・パ・ド・ドゥの形をとっていますが、パからパへの流れがじつにスムーズでさりげないのが特徴《とくちょう》。軽快《けいかい》な3拍子《びょうし》のアントレから、ヴァイオリンの繊細《せんさい》な音色に彩《いろど》られたアダージオにかけて、男性にそっとサポートされた女性が見せるポーズの美しさは格別《かくべつ》です。いっぽう男性も、ヴァリエーションでのダイナミックな回転やジャンプなどで、高度《こうど》なテクニックをぞんぶんに発揮《はっき》することができます。ポンポンと弾《はじ》くような弦楽器《げんがっき》の音色にのって、ポアントで立った女性が様々な動きを見せるヴァリエーションは、コンクールなどでおなじみのものでしょう。

コーダのしめくくりは、男性が女性を抱《だ》きかかえてポーズを決める、豪快《ごうかい》なフィッシュ・ダイヴ。女性は淡《あわ》いパステル・カラーのクラシック・チュチュ、男性も王子様のような衣裳を身につけ、とても上品な印象《いんしょう》です。

「リーズの結婚」

のどかな牧場でくり広げられる、明るい恋《こい》の物語
笑いを誘《さそ》うシモーヌやアラン
エサをついばむ着ぐるみのニワトリなど
にぎやかなキャラクターがいっぱいの、楽しいバレエの始まりです！

ふくらんだそでにエプロンつきのスカートという、かわいらしい衣装で登場するリーズは農場《のうじょう》を営《いとな》む未亡《みぼう》人《じん》シモーヌの娘。妖精《ようせい》でもお姫《ひめ》様でもない、ふつうの女の子というところは、『ドン・キホーテ』のキトリに似ています。でも、リーズが育ったのはにぎやかな町ではなく、森や畑が広がるのんびりした田舎《いなか》。そのせいか彼女には、太陽をいっぱい浴《あ》びて育った野の花のような、のびのびとしたイメージがあります。

キトリがバジルを愛していたように、リーズにはコーラスというすてきな恋人がいます。リーズは少しでも長く彼といっしょにいたいのに、母親のシモーヌはそうじや糸紡《いとつむ》ぎ、バター作りなど、いろいろな仕事を言いつけて、リーズとコーラスを会わせまいとします。シモーヌはぶどう園主《えんしゅ》のトーマスの息子アランとリーズを結婚《けっこん》させたいのですが、リーズはもちろん、母親の言いなりにはなりません。納屋《なや》の壁に結んだリボンを合図に、ないしょでコーラスとデートしたり、窓ごしに熱いキスをかわしたり……。恋するリーズの気持ちがもっとも素直に表れるのが、家のなかで1人、コーラスとの将来を思い描《えが》く場面でしょう。「結婚式にはこんなドレスを着たいな。子どもは1人？ いえ3人くらい……」

いきいきした身振《みぶ》りから、まるで台《せり》詞《ふ》を聞くように、夢の中身が伝わってきます。

あなたもリーズと同じようなことを考えるのではないでしょうか？

リーズの魅力《みりょく》は、だれもがその恋を応援《おうえん》したくなるような明るさ、そしてきっとすてきな奥さん、お母さんになるんだろうなと思わせる、健康的なところでしょう。農場の庭で、リボンで「あやとり」をするように踊るパ・ド・ドゥ。麦畑で仲間《なかま》たちに囲《かこ》まれて踊る場面。そして終幕、やっと結婚を許《ゆる》してもらった2人の、喜びいっぱいの踊り。リーズの踊りからは、コーラスを思う気持ちが自然にあふれ出てくるようです。

「リーズの結婚」の初演は1789年。チャイコフスキーの3大バレエの誕生よりも、100年ほど前のことです。現在まで伝わる全幕バレエのなかではもっとも古い作品といわれていますが、のどかな田園《でんえん》でリーズとコーラスがくり広げる恋の物語は、いまも新鮮《しんせん》です。

200年以上のあいだに、いろいろな人が音楽や振付を作り直してきましたが、現在もっとも有名なのは、イギリスの振付家で、のちにロイヤル・バレエの芸術監督となったフレデリック・アシュトンが1960年に振付けたもの。牧歌的《ぼっかてき》で楽しいエロールの音楽で、アランやシモーヌなどユニークな登場人物たちが大活躍《だいかつやく》する、笑いがいっぱいの作品です。ロイヤル・バレエや牧阿佐美バレヱ団がレパートリーにしています。

今回のキャラクター紹介も、アシュトン版をもとにしています。

コーラス

コーラスは若い農夫《のうふ》です。朝、仲間たちといっしょに農場へやってきますが、ほんとうのお目当ては、恋人のリーズに会うこと。母親シモーヌのかたいガードをくぐってはリーズと踊り、おたがいの愛情を確《たし》かめあいます。

『ドン・キホーテ』のバジルには、いかにも町の若者らしい粋《いき》な魅力がありますが、自然のなかで働くコーラスの魅力は、素朴《そぼく》で誠実《せいじつ》。相手の女性をあたたかく包《つつ》んでくれるようなたのもしさがあります。バジルとちがってほかの女の子にちょっかいを出したりせず、いつもリーズだけを見ていてくれるから、リーズも安心して彼との未来を思い描くことができたのでしょう。

コーラス役には、ほかの古典バレエの男性主役ほど際立《きわだ》ったテクニックの見せ場はありませんが、そのぶん包容力《ほうようりょく》、明るさ、リーズへのやさしさなどを、踊りのなかでどう表現するかが見せどころになります。印象的《いんしょうてき》なのは、リーズの家の庭で踊る、ジャンプや回転をたくさん折りこんだソロや、リボンであやとりをするパ・ド・ドゥ。麦畑へ向かう道の途中で、ワインのびんを小道具にして踊るところも目を引きますし、麦畑で仲間たちに囲まれてリーズと踊るパ・ド・ドゥもすてきです。バレエの最後のパ・ド・ドゥでは、花嫁《はなよめ》衣裳を着たリーズをやさしく持ち上げるリフトが印象に残ります。

ごくふつうの青年であるコーラスは、王子役ほど容姿《ようし》や雰囲気《ふんいき》を限定しないので、ダンサーが自分の持ち味を生かしてのびのびと演じることができる役柄。これまでに、牧阿佐美バレヱ団の森田健太郎や、ロイヤル・バレエのカルロス・アコスタなど、たくさんのダンサーが好演しています。

シモーヌ

リーズの母親シモーヌは、1人で農園を経《けい》営《えい》するしっかり者の女性。おおぜいの農夫たちにさしずをする姿も、かんろく充分です。

大切に育てた娘のリーズの結婚相手は、やっぱりお金持ちでなくちゃ！　というわけで、シモーヌが選んだ花むこ候補《こうほ》が、トーマスの息子アラン。ところが、少しでもすきを見せると、リーズはすぐにコーラスのところへ行ってしまうので、シモーヌは一時《いっとき》も目が離《はな》せません。やっとアランとの婚約《こんやく》までこぎつけたと思ったとたん、コーラスと抱《だ》きあうリーズを発見して、シモーヌは気絶《きぜつ》するほどびっくりしてしまいます。

シモーヌは『シンデレラ』のいじわるな姉さんたちと同じように、男性ダンサーが演じることが多い役。シモーヌが大きな体で女性らしいしぐさをすると、かえっておかしく、客席から笑いがこぼれます。リーズを膝《ひざ》に乗せておしりをたたくなど、ちょっと怖そうな印象がありますが、農場の娘たちにおだてられて、ごきげんで木《き》靴《ぐつ》の踊りを踊ったり、ピンクのスカーフをリーズと取りっこするなど、かわいらしいところもあります。最後にはリーズとコーラスの真剣な思いを理解して、2人の結婚を祝福《しゅくふく》してくれます。

トーマス

はげ頭にかっぷくのいい体つきのトーマスは、広いぶどう園を持つ大金持ち。いつもはいばっているけれど、息子のアランのことは、心配でしかたがありません。ちょっと頼《たよ》りないアランですが、トーマスにとってはかわいい息子なんですね。

そんなトーマスが、「アランのお嫁さんはリーズがいい！」と思ってしまったことから、この騒動《そうどう》が始まります。たくさんの贈りものを持って申しこみにやってきたトーマスに、シモーヌもすっかり乗り気になってしまいます。麦畑での大騒《おおさわ》ぎのあと、リーズとアランとの結婚を早く決めてしまおうと、トーマスは公証人《こうしょうにん》を連れてシモーヌの家にやってきますが……。

強引に結婚話を進めようとして、最後には当てがはずれてしまうトーマスは、『ドン・キホーテ』のロレンツォと似たような役どころ。ベテランの男性ダンサーが演じます。

アラン

とぼけた顔にとぼけたしぐさ。アランが登場すると、客席は笑いに包《つつ》まれます。アランはお金持ちのぶどう園主トーマスの息子ですが、やることなすことトンチンカンで、いつもまわりを大混乱に陥《おちい》らせてしまうのです。

シモーヌとトーマスの陰謀《いんぼう》（?）でリーズの花むこ候補になったアランですが、本人は自分の立場がわかっているのかいないのか、せっかく持ってきた花束をリーズに差しだすのにも四苦八苦《しくはっく》しています。リーズにはまったく相手にしてもらえないけれど、麦畑の場面ではフルートボーイの笛《ふえ》を借《か》りておかしな音をたてたり、リーズとコーラスの踊りに割りこんだりして見せ場を作ります。突然《とつぜん》の嵐《あらし》で、お気に入りの赤いかさごと、ぴゅーっと飛ばされていってしまう姿には、ちょっとびっくり！　第2幕では精一杯《せいいっぱい》おしゃれをして、トーマスや公証人といっしょにリーズに結婚を申しこみにやってくるのですが……。

アランは、踊り、演技ともに優《すぐ》れた力を持ったダンサーが大活躍する役。こっけいな踊りはしっかりした基礎《きそ》がなければできませんし、タイミングよくおもしろい演技をするのは、たいへんな集中力を要求されるものです。日本では牧阿佐美バレヱ団の公演で根岸正信が、すばらしいアランを演じています。

ニワトリ

農場の朝、だれよりも早く起きて踊りを披露《ひろう》するのが、ニワトリたちです。黒と黄色の体に赤いとさかをつけているのがオンドリ、白い体がメンドリたち。着ぐるみを着たダンサーたちが動き出すと、観客の視線がいっせいに集まります。なにしろ、人間と同じ大きさのニワトリですから、迫力《はくりょく》がありますね。

アシュトンは『ピーター・ラビットと仲間たち』という作品でも動物たちの楽しい踊りをたくさん振付けていますが、黄色い脚を振り上げ、首をふりふり踊るニワトリたちの動きは、とてもリアル！　リーズたちが麦畑に移動すると、ニワトリたちもお供《とも》して、ユーモラスな動きを見せます。

ニワトリたちは若手ダンサーが踊ることが多く、ふつう男性1人がオンドリを、女性4人がメンドリを踊ります。ニワトリの顔のマスクをかぶっているので、ダンサーの顔は見えないのですが、ときには主役級のダンサーがまじって、みごとな足さばきを見せることもあります。

あやとりのパ・ド・ドゥ

第1幕1場、シモーヌの家の前で、リーズとコーラスが踊る場面です。

シモーヌがいなくなったのを見て、納屋の2階にかくれていたコーラスがそっと降りてきます。はじめはお行儀《ぎょうぎ》よくリーズのバター作りを手伝うコーラスですが、2人ともすぐ、仕事を忘れて踊りはじめます。

リーズのピンクのリボンをコーラスがくわえて、馬車の馬のようにおどけたステップを踏んだり、おたがいの体にリボンを巻きつけたり……。2人は新体操やなわとびのように、リボンを様々に使って踊ります。なかでも有名なのが、ちょうど「あやとり遊び」のように、おたがいの体にリボンをくぐらせるところ。できあがったきれいなリボンの形を見て、観客からも拍手がわきます。

2人の恋心が伝わってくるような、さわやかでかわいらしい場面ですが、途中からはリーズの友人たちも加わり、さらにシモーヌもやってきて、2人はまたも別れわかれになってしまいます。

フルートボーイの踊り

農夫のなかで1人、笛を手にして登場するのがフルートボーイ。実際に音を出すのはオーケストラのフルート奏者《そうしゃ》ですが、小鳥がさえずるような笛の音がとても印象的です。

陽気《ようき》なメロディにぴったりの、フルートボーイの軽やかなステップに誘われるように、農場の人々は輪《わ》になったり、カップルになったりしながら楽しく踊ります。

アランは、そんなすてきな音を出す笛が気になってたまりません。自分でも吹いてみたくなって、笛を口に当てますが、出てくるのはおかしな音ばかり。踊ろうとしたみんなも、思わず力が抜けてしまいます。アランはまだまだ吹きたそうですが、とうとう笛は取り上げられてしまいました。

木靴の踊り

リーズとコーラスが仲よく踊っていたところへ、またまた現れたシモーヌ。娘たちは彼女の気をそらせようと、「おとくいの木靴の踊りを見せて！」とシモーヌに頼《たの》みます。はじめはしぶい顔をしていたシモーヌも、熱心に頼まれてまんざらでもないようす。それじゃあ、と木靴をはいて、おもむろに踊りはじめます。ひさしぶりの踊りに、ときどきつまずいたり足をくじきそうになったりするシモーヌですが、その表情は若いころを思い出してでもいるように、とても楽しそう。娘たちも木靴をかたかたと鳴らして、いっしょに踊ります。

『リーズの結婚』のもともとの舞台はフランスですが、この木靴の踊りは、アシュトンがイギリスのランカシャー地方に伝わる踊りをヒントに振付けたもの。シモーヌ役の男性ダンサーがスカートのすそをつまみあげ、大きな体をゆらして踊るようすは、ユーモラスなうえに、とてもダイナミックです。この踊りはシモーヌの気のいい一面を物語るとともに、シモーヌ役のダンサーのいちばんの見せ場でもあります。

パ・ド・トロワ

麦畑にやってきたリーズ、コーラス、アランたち。シモーヌとトーマスに、いっしょに踊るように言われたリーズとアランは、ぎこちなく踊りはじめます。

おかしなかっこうながらも、一生けんめい踊っているつもりのアラン。ときどき、カックン！と腕や頭がとんでもない方向へ動いて、見ている人をびっくりさせます。リーズもしかたなく踊りますが、どうもうまくいきません。そこへコーラスがやってきて、アランに見えないようにそっと手を差しのべると、リーズの顔が見ちがえるように輝きはじめます。こうして3人はリーズを中心に、おかしなパ・ド・トロワを踊ります。アランだけは自分とリーズのパ・ド・ドゥだと思っているのですが……。

恋のライバルを含めた3人がいっしょに踊るシーンはほかの作品でも見ることができますが、これはそのなかでもこっけいなもの。リーズとコーラスは、アランがよそを見ているうちに、とうとう2人でどこかへ行ってしまいます。自分では気づかずに「おじゃま虫」になっているアランは、ちょっとかわいそう!?

リボンのパ・ド・ドゥ

リーズとコーラスの踊りのなかで、もっともまとまりと見応《みごた》えのあるのが、この麦畑でのパ・ド・ドゥでしょう。やっとアランやシモーヌたちの目から自由になった2人は、舞台の真ん中でキスをかわし、友人たちに囲まれて心ゆくまで踊ります。

はじめはリーズのソロ。弾《はず》むような音楽にのり、可憐《かれん》なポーズで踊ります。続くアダージオには、リボンを持った8人の女性が加わります。女性たちの手でいろいろな形に張られるリボンは、まるで踊りの一部のようにきれいです。放射状《ほうしゃじょう》に張られたリボンのあいだをぬってリーズとコーラスが踊ったり、それぞれが4本ずつリボンを持って、女性たちといっしょに動くなど、個性的な振付がいっぱい。アティテュードで立ったリーズがリボンの中心になり、女性たちがそのまわりを回っていくところは、メイポールの踊りと同じように、いちど見たら忘れられないほど印象深い場面です。

コーラスがソロでダイナミックなジャンプを披露するのに続いて、速いテンポのコーダに入ります。コーラスの回転、リーズのパ・ド・ブーレなど、見せ場の連続のあと、コーラスがリーズを高々とリフト。愛しあう2人の気持ちがあふれるような、明るく、のびやかなパ・ド・ドゥです。

農夫たちの踊り

農場が舞台の『リーズの結婚』では、農夫たちの群舞《ぐんぶ》がいろいろなところに、登場します。

第1幕2場の麦畑では、日《ひ》除《よ》け帽子《ぼうし》をかぶった男女が、麦刈《か》りの鎌《かま》をふるいながら踊ります。かかえていた麦の束《たば》をおろして伸びをしたり、実際に働いている人の動作を感じさせるような部分もあります。明るい音楽とあいまって、スケールの大きい収穫《しゅうかく》の風景《ふうけい》を感じさせる場面です。このあと、ポールの先についたリボンを人々が持って踊るメイポールの踊りが登場しますが、こちらもとても華やかで印象的ですね。

第2幕では、農夫たちがシモーヌの家の居間《いま》に刈り取った麦の束を積み上げ、そのまわりでバトンを振りながら踊ります。丸くなったり一列になったり、様々に並び方を変えながら、元気のいいジャンプを見せる男性的な踊り。最後にはみんなでリーズを高くリフトし、そのまま外へ出ていきそうになりますが、あやういところでシモーヌが気づき、リーズはまた家のなかに連れもどされます。

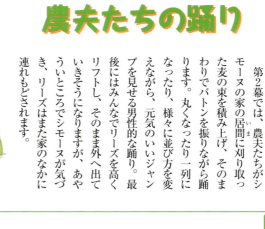

結婚の踊り

第2幕の終わり、やっと結婚を認めてもらったリーズとコーラスは、みんなが見守るなかで、幸せいっぱいの踊りを披露します。白い花嫁衣裳を着たリーズを、宝物《たからもの》を扱《あつか》うようにやさしくリフトするコーラス。夢見るようなアダージオが終わると、見ていた友人たちがお祝《いわ》いの紙吹雪《かみふぶき》を2人の上にまき散《ち》らします。

やがて音楽は速い調子に変わり、娘たちや農夫たちも踊りに加わります。麦畑で活躍したフルートボーイがふたたび登場し、みんなの真ん中で笛を吹くと、お祝いムードはさらに盛りあがります。リーズが軽やかなピルエットや足さばきを見せれば、コーラスも元気のいい回転を披露して拍手を呼《よ》び、さらにはシモーヌまで華麗《かれい》なステップで加わって……。みんなが歌いながら輪になって踊るのを見ていると、思わずいっしょに踊りたくなってしまいます。

2人の結婚を祝うこの場面は、プティパのバレエに出てくるような豪華なグラン・パ・ド・ドゥではありませんが、それがかえって、ほんとうの結婚パーティーを見ているような、あたたかみのある雰囲気を作り出しています。農夫たちにかわるがわるリフトされるシモーヌ、コーラス、リーズたちが、ほんとうに幸せそう!

メイポールとリボン

『リーズの結婚』の群舞のなかでも印象的なのが、花とリボンで飾られた棒《ぼう》のまわりで人々が踊る場面。たくさんの人が、高い棒のてっぺんから垂《た》れ下がる長いリボンの先を持って踊ると、まるで遊園地のメリー・ゴー・ラウンドが回っているように見えます。

この棒はメイポール（5月祭の柱）と呼ばれ、ヨーロッパでは生命やゆたかさの象徴《しょうちょう》とされているもの。結びつけてあるリボンの色は、虹《にじ》の7色を表し、地方によってはいまも夏至《げし》のお祭りなどに登場します。

そんないわれを持つメイポールやリボンは、若い恋人たちを結びつける小道具にはぴったりです。リーズがリボンを使う場面は古い振付にもありましたが、アシュトンはさらにいろいろな踊りにリボンを登場させて、楽しい振付を作り出しました。あやとり（英語ではなぜか「ネコのゆりかご」といいます）のシーンもそのひとつです。

バレエではゆたかな麦の収穫を祝って踊られるメイポールの踊りですが、数々のリボンの踊りによって結ばれた2人はこれから、生命とゆたかさでいっぱいのあたたかい家庭を作るにちがいありません。

『リーズの結婚』というバレエは、作品そのものが、農民たちのたくましい生命力への賛歌《さんか》だといえそうです。

「ライモンダ」

清らかで気品あふれるライモンダと勇敢《ゆうかん》なジャン
情熱的《じょうねつてき》でエキゾティックなアブデラーマン…
3人を軸《じく》に、恋と戦いの物語が始まります！

ライモンダ

シビル・ド・ドリス伯爵夫人《はくしゃくふじん》の姪《めい》ライモンダは、美しく可憐《かれん》な貴族《きぞく》の娘。結婚《けっこん》の約束をした騎士《きし》ジャン・ド・ブリエンヌが、戦いの旅から帰ってくるのを心待ちにしています。

第1幕のはじめ、ジャンとグラン・ワルツを踊るライモンダは、ひたすら無垢《むく》であどけない少女という印象《いんしょう》ですが、その後の様々な場面ごとに、完成されたおとなの女性へと成長してゆく姿を観客に強く印象づけます。ジャンを思い、さびしさに耐《た》えながら竪琴《たてごと》を弾《ひ》く姿の愛らしさ。幻想《げんそう》のなかでジャンと踊るアダージオでは、いまここにいない大切な人との深い心の結びつきを、しっとりした踊りで表現します。第2幕のアブデラーマンとの踊りでは、彼の情熱的な求愛《きゅうあい》にもゆらぐことのない、凛《りん》とした気品を見せます。そして第3幕のジャンとの結婚式では、たくさんの客人や踊り手たちに囲《かこ》まれて、ひときわ華《はな》やかで堂々とした踊りを披露《ひろう》するのです。

ライモンダのキャラクターを支えているのは、汚《けが》れを知らない乙女《おとめ》の清らかさ、そして強さでしょう。遠く離《はな》れた婚約者《こんやくしゃ》ジャンへの愛をかたときも忘れず、気品ある態度をくずさないライモンダの姿は、目の前にいる彼女への欲望《よくぼう》と情熱をかくそうともしないアブデラーマンの態度と、あざやかな対比《たいひ》を見せます。そこが、このバレエの大きな見どころといってもいいかもしれません。

ジュリエットのようにドラマティックな感情表現はないけれど、繊細《せんさい》で美しい踊りがいっぱいのライモンダ役。きらびやかな衣裳で踊る結婚式のグラン・パはガラ・コンサートでもおなじみですが、ぜひ全幕でも見てみたいキャラクターです。

『ライモンダ』は1898年、サンクトペテルブルクのマリインスキー劇場で初演されました。マリウス・プティパが残した最後の全幕バレエの傑作《けっさく》として知られ、この作品ではじめてバレエ音楽を手がけたアレクサンドル・グラズーノフの音楽も、独特の魅力《みりょく》にあふれています。

舞台は中世のフランス。汚れを知らない貴族の娘ライモンダと、その許婚《いいなずけ》ジャン・ド・ブリエンヌ、サラセンの騎士アブデラーマンらの登場人物がからみあい、恋と戦いの物語を紡《つむ》ぎだします。

プティパのほかの作品と同じように、『ライモンダ』もいろいろな振付家が改訂版《かいていばん》を発表していますが、現在、全幕を見る機会は『白鳥の湖』や『ジゼル』ほど多くはありません。日本では新国立劇場バレエ団や牧阿佐美バレヱ団が上演していますが、ここではＤＶＤも発売されている、ボリショイ・バレエのグリゴローヴィチ版に基《もと》づいてご紹介しましょう。

あらすじ

第1幕

中世のフランス。おばであるシビル・ド・ドリス伯爵夫人の館にいるライモンダのもとを、婚約者のジャン・ド・ブリエンヌが訪《おとず》れます。ハンガリー王アンドレ2世の遠征《えんせい》に加わって旅立つことになったジャンとライモンダは、別れを惜《お》しみつつ、華麗《かれい》なワルツを踊ります。

ジャンが出発し、ひとりさびしく眠るライモンダ。その夢のなかに、伯爵家の守護神《しゅごしん》である白い婦人《ふじん》が現れ、ライモンダを愛《いと》しいジャンの幻影《げんえい》に会わせてくれます。2人は幻想のなかで踊り、ライモンダはジャンへの愛と信頼《しんらい》の気持ちを新《あら》たにしますが、いつしかジャンの姿は消え、かわって現れたのは荒々《あらあら》しいサラセンの騎士アブデラーマン。ライモンダは胸騒《むなさわ》ぎとともに目覚めます。

第2幕

伯爵夫人の館で開かれていた宴《うたげ》に、おおぜいのサラセン人の従者《じゅうしゃ》を引きつれたアブデラーマンが姿を現します。アブデラーマンは美しいライモンダを手に入れようと、贈《おく》りものや従者たちの踊りを次々に披露して、人々の目をおどろかせます。

踊りが最高潮《さいこうちょう》に達したとき、ライモンダをさらってゆこうとするアブデラーマン。けれども、そのときジャンが遠征からもどってきます。アンドレ2世の命令で2人は決闘《けっとう》し、勝利はジャンの手に。傷ついたアブデラーマンは、なおもライモンダを見つめながら息絶《いきた》えます。

第3幕

ライモンダとジャンの結婚式。マズルカやチャルダッシュなどのキャラクター・ダンス、花嫁《はなよめ》花むこを中心にしたグラン・パが踊られ、華やかな雰囲気《ふんいき》のうちに幕が下ります。

ジャン・ド・ブリエンヌ

ライモンダの婚約者。彼女との結婚を前に、ハンガリー王アンドレ2世の遠征に加わることになります。第1幕のシビル・ド・ドリス伯爵夫人の館で、ライモンダとワルツを踊り、従者とともに勇壮《ゆうそう》な踊りを披露して出陣《しゅつじん》してゆきます。第2幕では、いままさにライモンダがアブデラーマンにさらわれようとするときに帰還《きかん》、勇《いさ》ましく決闘を行ってアブデラーマンを倒《たお》し、ライモンダを助けだします。

グリゴローヴィチ版のジャン・ド・ブリエンヌは、輝くような白い衣裳に身を包《つつ》み、まさに正義《せいぎ》の騎士といったイメージ。ライモンダへの欲望を荒々しくむき出しにするアブデラーマンとは対照的《たいしょうてき》に、あくまでも紳士的なキャラクターです。

ライモンダを守る強さと、やさしさ、包容力《ほうようりょく》を兼《か》ね備えたジャンは、美しい容姿《ようし》と気品を備えたダンスール・ノーブルにぴったりの役。踊りにも、戦士にふさわしくダイナミックなジャンプがたくさん織《お》りこまれた勇ましい雰囲気のヴァリエーションや、ライモンダとのやさしく美しいパ・ド・ドゥなど、幅広いテクニックと表現力が求められます。なかでも第3幕の結婚式のグラン・パは、ヒロインのライモンダを最高に美しく見せるサポートの力と、自らの回転やジャンプの実力を披露する、最大の見せ場です。

アブデラーマン

伯爵夫人の宴に突然《とつぜん》現れて、ライモンダをおどろかせるサラセンの騎士、アブデラーマン。エキゾティックな衣裳や身振《みぶ》り、不敵《ふてき》な表情を浮かべた顔は、貴族たちのいならぶ伯爵夫人の館に、強烈《きょうれつ》な異国《いこく》の薫《かおり》を振りまきます。

たくさんの贈りものをたずさえ、従者を引きつれてやってきたアブデラーマンの目的はただひとつ、美しいライモンダをわがものにすることでした。アブデラーマンはさっそく、お供《とも》のサラセン人たちの踊りで、ライモンダの気を引こうとしますが……。

ライモンダやジャンとは、生まれ育った土地も信じる神もちがうアブデラーマン。最後にはジャンとの決闘に敗《やぶ》れ、ライモンダへの求愛もむなしく倒れるのですが、そのストレートな情熱の表現は、観客の心を強くゆさぶります。

登場するのは第1幕の幕切れ近くと第2幕だけですが、踊りの見せ場は多く、サラセン人やスペインの踊りとからみあうように、迫力《はくりょく》のあるジャンプや回転が続きます。敵《かたき》役とはいえ、ライモンダを軽がると持ち上げるリフトも見どころ。男らしい魅力にあふれた役です。

白い婦人

ライモンダの夢のなかに現れる、純《じゅん》白《ぱく》の衣裳に身を包んだ高貴《こうき》な女性。伯爵家の守護神である白い婦人は、遠く離れてしまったジャンをひたすら思うライモンダの心に応《こた》えるように、夢のなかで2人を引き会わせてくれます。ライモンダがアブデラーマンの強引な誘惑《ゆうわく》にも負けずにすんだのは、どこかでこの婦人が見守っていてくれたからかもしれませんね。

どことなく『眠れる森の美女』のリラの精や、『シンデレラ』の仙女《せんにょ》を思わせる存在ですが、物語の展開《てんかい》には直接かかわらないので、バレエ団によっては登場しないこともあります。

伯爵夫人とアンドレ二世

広大《こうだい》な館に住み、ライモンダやジャンのために豪華《ごうか》な祝宴《しゅくえん》をはるシビル・ド・ドリス伯爵夫人。伯爵夫人とはいっても、その立ち居振る舞いにはまるで女王のような風格《ふうかく》が漂《ただよ》い、ヨーロッパ貴族の優雅《ゆうが》さが匂《にお》い立つようです。具体的なエピソードはあまり登場しませんが、結婚を控《ひか》えた姪のライモンダを、深く気にかけているようすです。

ジャンが加わった遠征を指揮するアンドレ2世は、13世紀に5回目の十字軍《じゅうじぐん》遠征を呼《よ》びかけた実在のハンガリー王がモデル。バレエでも威厳《いげん》に満ちた王として登場し、アブデラーマンとジャンの部下《ぶか》たちの争《あらそ》いを制《せい》して、2人の決闘で決着《けっちゃく》をつけるようにいい渡します。

どちらもベテランのダンサーがマイムで演じます。

グラン・ワルツ

第1幕最初の見せ場が、このグラン・ワルツ。ジャン・ド・ブリエンヌが伯爵夫人の館を訪れ、愛するライモンダと踊ります。アダージオでは、ジャンの力強いサポートを受けたライモンダがアラベスク、アティテュードなど様々な美しいポーズを見せ、何組もの男女が2人を囲むように、きれいなフォーメーションを作ります。

ポンポンと弦《げん》を弾《はじ》く音にのって踊られるライモンダのヴァリエーションは、ポアントでの軽やかな動きとはねるような身のこなしが特《とく》徴《ちょう》の若々《わかわか》しくいきいきとした踊り。ジャンのヴァリエーションは、多彩《たさい》な回転やアントルシャ、トゥール・アン・レールが華やかです。

コーダでは、弾《はず》むようなリズムにのって踊り手たちが舞台いっぱいに広がり、そこにライモンダとジャンも加わります。宮廷舞踊《きゅうていぶよう》のように典雅《てんが》で晴れやかな踊りですが、このあとジャンはライモンダを残し、戦いの旅へと出発してゆくのです。

サラセンの踊り

伯爵夫人の宴に現れたアブデラーマンは、美しいライモンダをなんとか自分のほうへ向かせたくてたまりません。サラセン人の従者たちに命じて、目新しく異国情緒《じょうちょ》あふれるダンスを、息もつかせずにくり広げます。はじめはつま先で跳《と》びはねるような動きがコミカルな群舞《ぐんぶ》。それから女性ダンサーが演じる、トルコ帽《ぼう》をかぶった少年たちを加えたスピーディな踊り。しなやかな身のこなしの男女が、官能的《かんのうてき》なダンスを踊ります。

サラセンと十字軍

サラセンとは、むかしのヨーロッパの人々がイスラム教徒のことを呼んだ言葉。『ライモンダ』の

幻想のパ・ド・ドゥ

幻想のなか、白い婦人の導《みちび》きで、ふたたび会うことができたライモンダとジャン。そこで2人は、おたがいの愛情を確《たし》かめるように、しっとりとしたパ・ド・ドゥを踊ります。

ライモンダはジャンのサポートでしなやかにポーズをとりますが、明るいライトを浴《あ》びて踊ったグラン・ワルツとはちがい、とても静かでやさしげな雰囲気。かと思えば、背を向けた姿勢でジャンの腕に身を投《な》げる大胆《だいたん》なリフトもあり、2人のあいだに流れる深い信頼感が伝わってくるようです。

2人の女性ソリストの軽やかなヴァリエーションなどをはさんで、ライモンダは舞台1周のピルエットを披露。ジャンは最後にライモンダを高くリフトしますが、彼の姿はいつのまにか消え、かわって現れたのは異国の騎士アブデラーマンの幻影。ライモンダの不安な気持ちを、高まる音楽がかき立てます。

スペイン＆アブデラーマン

そしてカスタネットの響《ひび》きとともに、ジプシー風の衣裳をつけた男女のスペインの踊りが始まると、アブデラーマン自身も高まる気持ちを抑《おさ》えきれず、とうとういっしょに踊りだします。全身を弓《ゆみ》のように反らせて跳ぶジャンプの、なんと力強いことでしょうか。

ライモンダは誘《さそ》われるままアブデラーマンと踊りますが、あくまでも慎《つつし》み深さを忘れません。それを見たアブデラーマンは、さらに踊り手たちを煽《あお》り立てます。シンバルがなり響き、サラセン人も、スペインの踊り手も、すべて舞台に走りでて踊ります。その中心で、だれよりも激《はげ》しく踊るアブデラーマン。これら一連の踊りを通じて、アブデラーマンの炎《ほのお》のような情熱が、観客の心にも伝わってきます。

舞台となっている時代、サラセン人たちはアラブからヨーロッパにかけて、広く勢力《せいりょく》を伸ばしていました。キリスト教を信じる中世《ちゅうせい》ヨーロッパの人々にとって、姿も信仰《しんこう》も異なるサラセン人たちが、まったくちがう文化の国からきた恐《おそ》るべき人々、と見えたのも不思議はありません。

このころ、キリスト教徒がサラセン人たちを討《とう》伐《ばつ》するために行ったのが十字軍遠征でした。『ライモンダ』に登場するハンガリー王アンドレ2世は、世界史の上では1215年に5回目の十字軍遠征を指揮した人物として知られています。

ジャン・ド・ブリエンヌがライモンダを残して出征《しゅっせい》していくという設定は、こんな歴史の背景から生まれたもの。そう思ってこのバレエを見ると、ジャンやライモンダとアブデラーマンの物語が、よりいきいきと見えてくるような気がします。

グラン・パ

第3幕の結婚式のクライマックスで、ライモンダとジャンがたくさんの踊り手たちに囲まれて踊るのが、このグラン・パ。華やかななかにも哀調《あいちょう》をおびた音楽と振付が美しく響きあい、こまやかに織《お》り上げられたタピストリーを思わせる、絢爛豪華《けんらんごうか》な雰囲気を醸《かも》しだします。

明るく弾む音楽にのって入場したライモンダとジャンは、ハープと管楽器《かんがっき》の繊細な音色で、幸福感《こうふくかん》に満《み》ちたアダージオを踊ります。ライモンダがジャンの腕に背中をあずけて身を反らすポーズや、ほかの男性ダンサーの手を借《か》りてピルエットを見せるシーンなどが印象的です。

ライモンダのヴァリエーションは、始めから終わりまでほとんどポアントで踊られます。振り上げた手をさっとおろして打ちならすようにするしぐさや、腕を組み、片脚ルティレでポアントに立ち上がる動きを何度もくり返すところには、キャラクター・ダンス風の味わいも感じられます。ジャンのヴァリエーションは、大きなジャンプでのマネージュや回転が盛りこまれた勇壮なもの。そしてコーダでは、急テンポの音楽で全員がそろった動きを見せ、大詰《おおづ》めに向かって興奮を盛りあげます。ことにジャンとライモンダを中心としたカップルたちが、全員同じポーズでリフトを決めるラスト・シーンは、大輪《たいりん》の花々がいっせいに咲きほこるような、華麗な美しさに満ちています。そのほかにも、女性ソリストのいきいきとしたヴァリエーションや、男性4人がそろってダイナミックなジャンプを見せるパ・ド・カトルなど、見応えのある場面が満載《まんさい》。大団円《だいだんえん》にふさわしい豪華な踊りです。

マズルカ＆チャルダッシュ

アブデラーマンの誘惑を退け、おたがいの無事を喜ぶライモンダとジャンは、晴れて結婚することになります。伯爵夫人やアンドレ2世の祝福《しゅくふく》を受けて、盛大《せいだい》な結婚式が行われます。

お祝いの喜ばしい気分をいっそう盛りあげるのが、祝宴の幕開きを飾るマズルカとチャルダッシュ。ポーランドの民族舞踊マズルカは、『白鳥の湖』や『コッペリア』でもおなじみの躍動感《やくどうかん》あふれるリズムで舞台を活気《かっき》づけ、見る人の心を浮き立たせます。カップルになったダンサーたちが、それぞれのパートナーと笑顔で見つめあい、腕をからませて楽しそうに踊ります。

アンドレ2世の国、ハンガリーのチャルダッシュもまた華やか。列を作って入場した男女の踊り手が、肘《ひじ》を張ったり、かかとを打ちつけたりと、長いそでをひるがえしながら独特の身のこなしで踊ります。中心となるカップルが見せる、すばやい足さばきがみごと。しだいに速くなるコーダの音楽にのって、踊りはぐんぐんスピードを増し、宴はますます盛りあがってゆきます。

グラン・パ・クラシック

背景

『眠れる森の美女』のような古典バレエを思わせる、豪華絢爛《ごうかけんらん》なグラン・パ・ド・ドゥですが、作られたのは20世紀のなかばになってから。様々なバレエ団のバレエ・マスターを務《つと》めたヴィクトル・グソフスキーが、パリ・オペラ座バレエのイヴェット・ショヴィレのために、1949年に振付けました。音楽はダニエル・オーベール。マジリエの振付で1857年に初演された物語バレエ『マルコ・スパーダ』（盗賊《とうぞく》のスパーダと娘アンジエラを主役にしたスペクタクル・バレエ）のなかの1曲ですが、この物語と『グラン・パ・クラシック』の踊りとは関係ありません。

クラシック・バレエの多彩《たさい》なテクニックと、パ・ド・ドゥならではの醍醐味《だいごみ》が、まばゆいばかりにちりばめられた作品。ガラ・コンサートでは、力強い前奏《ぜんそう》が始まった瞬間《しゅんかん》、客席は晴れやかな興奮《こうふん》と緊張《きんちょう》に包《つつ》まれます。

踊り

『グラン・パ・クラシック』には、これぞクラシック・バレエ、という華麗《かれい》なテクニックがたくさん出てきます。女性は純白《じゅんぱく》のクラシック・チュチュを着て踊ることが多く、堂々とした力強い音楽にのって男女のダンサーが華《はな》やかな技をくり出すようすは、王者の風格《ふうかく》さえ感じさせます。

踊りが始まってすぐのアダージオの部分では、男性が女性を肩《かた》の高さにリフトして回ったり、サポート役の男性がジャンプするあいだ女性が1人でポアントでバランスをとったりと、高度《こうど》な技が次々に登場。時計のようにリズムを刻《きざ》む音楽にのり、みごとなポアント・ワークを見せる女性ヴァリエーションも印象的《いんしょうてき》です。

ゆるぎないテクニックと自信を持ったダンサーこそが踊りこなせるこの作品。ショヴィレと同じパリ・オペラ座の出身で、世界的なスターとなったシルヴィ・ギエムの十八番《おはこ》としても有名です。

パリの炎《ほのお》

背景

全4幕の『パリの炎』は、ロシア革命《かくめい》15周年《しゅうねん》の記念公演《きねんこうえん》として、1932年にレニングラード（現在のサンクト・ペテルブルグ）で初演されました。音楽はボリス・アサフィエフ。振付を行ったのは『くるみ割り人形』で有名な、ワシリー・ワイノーネンでした。

物語の背景《はいけい》は、18世紀の終わりに起こったフランス革命《かくめい》。貴族《きぞく》たちの陰謀《いんぼう》に立ち向かう、民衆《みんしゅう》たちの力強いエネルギーをテーマにしています。貴族たちの踊りには伝《でん》統的《とうてき》なマイムやクラシックの技法《ぎほう》が、民衆たちの踊りには力強いキャラクター・ダンスなどが使われたそうですが、残念ながら現在は全幕での上演を見ることはできません。

クライマックスでパ・ド・ドゥを踊るのは、父親が警備兵《けいびへい》につかまったことから革命側に加わったマルセイユの農夫《のうふ》の子、ジャンヌとピエール。革命が成功し、父に再会《さいかい》できた2人は、勝利《しょうり》を祝《いわ》う民衆たちが集うパリの広場で、喜びに満《み》ちた踊りを披露《ひろう》します。

踊り

フランス国旗《こっき》の青、白、赤をあしらった衣裳や、躍動感《やくどうかん》たっぷりの明るい音楽が印象的《いんしょうてき》。地鳴《じな》りのような打楽器《だがっき》の響《ひび》きが、人々の勝利の喜びを表しているようにも聞こえます。

パ・ド・ドゥの主役は恋人どうしのことが多いのですが、この作品の場合は兄と妹。踊りの雰囲気《ふんいき》が、どこかからりとして健康的なのは、そのせいでしょうか。女性ヴァリエーションのなかの、弾《はず》むようなリズムにのった軽やかな回転が、可憐《かれん》で快活《かいかつ》なジャンヌのイメージをかきたてます。

いっぽう、ジャンプしながら舞台を1周するマネージュなど、華《はな》ばなしいテクニックがいっぱいの男性ヴァリエーションは、とてもスケールの大きな印象。バネの強い、テクニックのあるダンサーの見せ場です。

バレエをもっと深めたい！

バレエに登場する妖精たちをタイプ別にわけると
演じるときのポイントが見えてきます
最後にすべての作品をバレエ DVD でチェック！

の妖精たち

人気の高いキャラクター
ずるがしこかったり
バレエがいっそうゆたかになります
いっしょに旅してみましょう！

風の精、宝石《ほうせき》の精、花の精など、バレエにはいろいろな妖精たちが登場《とうじょう》します。彼女たちの軽やかな踊りは、バレエの大きな魅力のひとつ。妖精たちはいつごろからバレエのなかで活躍《かつやく》するようになったのでしょう？

16〜17世紀《せいき》のフランス宮廷《きゅうてい》で盛《さか》んになったバレエは、貴族《きぞく》や王様がみずから踊るもので、登場人物はギリシャ・ローマ神話《しんわ》の神様《かみ》や英雄《えいゆう》たちが多かったようです。

そんなバレエに妖精たちが登場するようになるのは19世紀の前半。当時のヨーロッパにはロマン主義《しゅぎ》が流行《りゅうこう》し、人々は妖精のような「この世《よ》ならぬもの」に強いあこがれを抱《いだ》きました。文学にもバレエにも、人間と妖精の恋《こい》を描《えが》いた作品が、たくさん現れます。その代表がみなさんもよくご存じの『ラ・シルフィード』や『ジゼル』です。現在は残《のこ》っていませんが、妖精の女王が登場する『ラ・ペリ』や、水の精と漁師《りょうし》の恋を描いた『オンディーヌ』というバレエもありました。

ポアントの技術《ぎじゅつ》やふんわりしたロマンティック・チュチュが発達《はったつ》するにつれ、ダンサーたちはより妖精らしく見えるようになりまし

バレエの国

妖精《ようせい》は、バレエのなかでも
無邪気《むじゃき》だったり、誠実《せいじつ》だったり
様々なタイプがいるから
そんな妖精たちの魅力《みりょく》の世界へ

た。ガス灯《とう》のぼうっとした光のなかで、ほっそりしたバレリーナが踊るのを見た観客《かんきゃく》は、ほんとうの妖精に出会ったような気がしたかもしれませんね。バレエ・ブラン（白いバレエ）という言葉は、白いチュチュを着たダンサーたちが踊る場面があまりに美しかったために生まれたといわれます。

では、ロマンティック・バレエの時代が過《す》ぎたら、妖精たちは滅《ほろ》びてしまったのでしょうか？　もちろんそんなことはありません。

19世紀の終わりにマリウス・プティパやレフ・イワーノフが振付けたバレエにも、バレエ・ブランの場面はちゃんとつくられ、妖精たちはそのなかでいきいきと活躍しました。『ドン・キホーテ』の夢の場や、『くるみ割り人形』のお菓子《かし》の国、『眠れる森の美女』で妖精たちがオーロラ姫《ひめ》に贈《おく》りものをする場面などがそうです。また、美しいシルフィードとはずいぶんちがうけれど、憎《にく》まれ役のカラボスやロットバルトも、広い目で見れば妖精の仲間《なかま》といえそう。ではこれから、いろいろな妖精たちの横顔を、いっしょに見ていきましょう。

リラタイプ

美しくてやさしく
まるで理想《りそう》の女性のような妖精たち
バレエ団のなかでも容姿《ようし》
実力ともに申し分のない
主役級のダンサーが踊る役柄です

このタイプのキャラクター

リラの精
仙女《せんにょ》
金平糖《こんぺいとう》の精

ここにあげた妖精たちに共《きょう》通《つう》しているのは、完璧《かんぺき》な美しさや、包《つつ》みこむようなやさしさでしょう。人間にはいろいろな欠点がありますが、彼女たちはそれを感じさせず、完成された理想の女性の雰囲気《ふんいき》を漂《ただよ》わせています。バレエのなかでは、主人公をあたたかく見守り、ハッピーエンドへと導《みちび》く、重要《じゅうよう》な役目《やくめ》を果《は》たします。

『シンデレラ』の仙女は、はじめは腰の曲《ま》がった老婆《ろうば》の姿《すがた》で登場。冷たくあしらう姉たちとちがい、やさしくパンをさし出すシンデレラをちゃんと見ていて、お城の舞踏会《ぶとうかい》へ行けるようにしてくれます。仙女はシンデレラの亡《な》くなったお母さんのもうひとつの姿だとする演出もあります。

『くるみ割り人形』のお菓子の国で、クララが出会う女王様が、金平糖(ドラジェ)の精。気品《きひん》にあふれた彼女は、クララをあたたかく迎《むか》え、楽しいお菓子の精たちの踊りを見せてくれます。イワーノフ版《ばん》の最後で金平糖の精がコクリューシ王子と踊るパ・ド・ドゥは、全幕でもっとも華《はな》やかな踊り。

そして、このタイプの代表ともいえるのが『眠れる森の美女』のリラの精です。オーロラ姫を誕生《たんじょう》のときから見守り、カラボスの呪《のろ》いをやわらげて命を救《すく》い、100年の眠りの後にデジレ王子と引きあわせてくれる彼女は、まさにバレエ全体をつかさどる存在。リラの花をイメージしたうすむらさきの衣裳で善《ぜん》の精たちと踊るシーンも、たいへん優雅《ゆうが》です。

↓ **金平糖**　吉田都
可憐《かれん》な表情とバランスのとれたプロポーション、完璧なテクニックをあわせ持つ吉田都は、クララの理想の女性である金平糖の精にぴったり。こまやかなステップの美しさは、何度見てもため息《いき》が出るほどすてきです。

↑ **仙女**　湯川麻美子
(新国立劇場バレエ団)
アシュトン版『シンデレラ』の仙女で、しっとりした演技を見せる湯川麻美子。うれしさとおどろきでぼうっとしているシンデレラに、すてきな魔法《まほう》をかけてくれます。個性的な四季《しき》の精たちにも負けない輝《かがや》きがすてき。
3点とも写真／瀬戸秀美

↑ **リラの精**　渡辺理恵（東京バレエ団）
すらりとした容姿《ようし》と落ちついた雰囲気を持つ渡辺理恵は、リラの精がよく似合うダンサーの1人。子どものためのバレエ『ねむれる森の美女』では、優雅な身のこなしで、やさしいお姉さんのようなリラの精を表現しました。

シルフィードタイプ

**主役として活躍するのが
このタイプ
この世のものではない役柄を
バレリーナがどう演じるのかが
いつも話題になるキャラクターです**

このタイプのキャラクター
ラ・シルフィード
ウィリになったジゼル

クラシック・バレエでは脇《わき》役《やく》として登場することが多くなった妖精たちですが、ロマンティック・バレエの時代には、彼女たちこそが主役。シルフィードとジゼルは、その代表といえるでしょう。

空気の精シルフィードは、髪《かみ》や手首に花を飾《かざ》り、背なかに透《す》き通った羽根《はね》をつけた、とてもかわいらしい姿。部屋のなかをあちこち飛び回り、「あなたが大好き」とうったえる無邪気な彼女に、ジェームズはすっかり魅《み》せられてしまいます。シルフィードが軽やかに踊れば踊るほど、ジェームズは彼女を好きになりますが、彼は婚約者《こんやくしゃ》のいる人間の若者《わかもの》。ふたりの住む世界がちがうことが、思わぬ悲劇《ひげき》を呼《よ》んでしまいます。

いっぽう、ジゼルはもともと人間の娘。愛するアルブレヒトの裏切《うらぎ》りによって命を落とした彼女は、心ならずも妖精ウィリの仲間になってしまったのです。

結婚前に死んだ乙女《おとめ》たちの霊《れい》ウィリは、森に迷《まよ》いこんだ男たちを死ぬまで踊らせる恐《おそ》ろしい妖精。そのウィリのひとりとしてよみがえったジゼルは、もう人間の体を持っていないけれど、アルブレヒトを愛し続けているために、完全にウィリの仲間に入ることもできません。体は妖精、心は人間。たくさんのバレエのなかで、これほど複雑《ふくざつ》で悲しい運命を背負ったヒロインはいないかもしれません。

← ジゼル　酒井はな
（新国立劇場バレエ団）
いつもしっかりした役づくりを見せてくれる酒井はな。いきいきした村娘とウィリの対比《たいひ》があざやかです。ことに第２幕では、ウィリとなって恋人と再会《さいかい》したジゼルの、声にならない想《おも》いが痛《いた》いほど伝わってきます。
３点とも写真／瀬戸秀美

→ ジゼル
ディアナ・ヴィシニョーワ
（マリインスキー・バレエ）
しなやかな体と高度なテクニックを持つヴィシニョーワ。村娘のジゼルも可憐ですが、ことにウィリになってからの踊りは、目を見張るほどいきいきとしています。こまやかなポアントづかい、美しい跳躍《ちょうやく》など、パの一つひとつが、アルブレヒトへの愛をゆたかにうたいあげます。

↑ シルフィード　斎藤友佳理（東京バレエ団）
タリオーニの原振付を研究してつくられたラコット版『ラ・シルフィード』を当たり役にする斎藤友佳理。エフィ、ジェームズと３人で踊る場面が見どころです。やわらかい動きからは、甘《あま》い花の香りが漂ってくるよう。

カラボスタイプ

**悪さをして主人公たちを困《こま》らせたり
ときには死にいたらしめる
こわい存在。憎まれ役ですが
この妖精たちのおかげで
物語はよりドラマティックになる!?**

このタイプのキャラクター
カラボス
マッジ
ミルタ
〈番外編《ばんがいへん》〉ロットバルト

バレエの主人公たちの運命の糸をあやつり、いろいろな困難《こんなん》に出あわせる「悪い妖精たち」。たいていその姿はみにくく、リラの精や仙女のような、美しい善《ぜん》の妖精とは正反対です。

「悪の妖精」としてもっとも有名なのが、『眠れる森の美女』のカラボスでしょう。おどろおどろしい音楽にのって登場し、あざ笑ったり、呪いをかけたり、手下《てした》どもといっしょに大活躍します。みにくさや強さを強調するため、男性が演じることが多いのですが、美しい女性ダンサーがキリッとした表情で踊ることもあり、こちらもなかなかすてきです。『白鳥の湖』のロットバルトはミミズクの化身《けしん》で、いわゆる妖精ではありませんが、人間を超《こ》えた悪の象徴《しょうちょう》であるところはカラボスに似ていますね。

『ラ・シルフィード』に登場するマッジも、弱々《よわよわ》しい老婆の姿をしていますが、怒《おこ》らせるとこわい妖精。ジェームズは彼女を冷たくあしらったばかりに、最愛《さいあい》のシルフィードを失ってしまいました。

彼らとはちがい、美しい姿を持ちながら、とても恐《おそ》ろしいのが『ジゼル』のミルタ。結婚する前に死んでしまった娘たちの霊、ウィリの女王である彼女は、花嫁衣裳のような純白《じゅんぱく》のチュチュに身を包み、近寄りがたい威厳《いげん》にあふれています。けれど、許《ゆる》すことを知らない彼女の心は、氷のような冷気《れいき》となってあたりを包み、森に迷いこんだ男たちを震《ふる》えあがらせます。

← カラボス
本島美和（新国立劇場バレエ団）
イーグリング版のカラボスは、蜘《く》蛛《も》の化身のよう。大きな黒蜘蛛に乗って登場し、糸を投げて人々をおどろかす場面もあります。美しい女性の姿のなかに、邪悪《じゃあく》さや孤独《こどく》を感じさせるキャラクターを、本島美和が巧《たく》みに演じます。
写真／鹿摩隆司

→ ミルタ 小山恵美
（スターダンサーズ・バレエ団）
スターダンサーズ・バレエ団のピーター・ライト版『ジゼル』でミルタを踊る小山恵美。背が高く、凛《りん》とした彼女のミルタには、だれもあらがうことのできない強さと威厳が漂います。　写真／瀬戸秀美

↑ マッジ 後藤晴雄（東京バレエ団）
東京バレエ団のラコット版『ラ・シルフィード』でマッジを踊った後藤晴雄。乱れた白髪にぼろぼろの服など、メイクや衣裳も迫力満点です。男性ならではの力強い動きで、マッジの怒りやあやしさを存分に表現しました。
写真／瀬戸秀美

お菓子の精タイプ

**バレエを華《はな》やかに盛り上げて
見る人を夢の世界へ
導いてくれるのがこのタイプ
明るく元気なものから
しっとり優雅なものまで
個性も様々です**

このタイプのキャラクター

お菓子の精（チョコレート、スペイン コーヒー、アラビア、お茶、中国など）
花の精、雪の女王、雪の精
善の精（やさしさ、元気、鷹揚《おうよう》、のんき、勇気）
宝石の精（金、銀、サファイヤ、ダイヤ）
四季の精（春、夏、秋、冬）
時計の精、ドリアードの女王
〈番外編〉キューピッド

カラフルな衣裳に身を包んだお菓子の精や宝石の精たちが登場すると、舞台がぱっと明るくなります。これらの妖精たちは、ストーリーに深く関《かか》わるというよりも、踊りそのものをたっぷり見せ、舞台をより豪華《ごうか》に盛り上げるために、大切な役目を果たしているといえそう。ロマンティック・バレエの妖精たちの神秘《しんぴ》的《てき》なところはちょっとうすれて、衣裳も踊りも、明るく華やかな雰囲気になっていますね。

　お菓子の精ならチョコレートやコーヒー、宝石の精なら金、銀、ダイヤモンドなど、ひとつのテーマでいろいろな個性の妖精たちが登場するのもおもしろいところ。『眠れる森の美女』でオーロラ姫に贈りものをする、やさしさ、元気、鷹揚など善の精たちの踊りは、音楽と振付がぴったりで印象的です。また、『シンデレラ』の時計の精や『ドン・キホーテ』のキューピッドたちは、バレエを習っている子どもたちもよく踊ります。キューピッドは妖精ではありませんが、かわいらしい姿やしぐさが、見る人の心をなごませますね。

　明るく楽しいこれらの妖精たちにくらべて、しっとりと優雅な雰囲気なのが『くるみ割り人形』の雪の精や『ドン・キホーテ』の森の精たち。白や緑のおそろいの衣裳で、舞台の上に夢のような世界を作り出します。その中心にいる雪の女王やドリアードの女王は、ひときわ優美《ゆうび》。美しさのなかに凛《りん》とした気品を漂わせます。

← コーヒー
田北志のぶ（キエフ・バレエ）
　キエフ・バレエで活躍する田北志のぶは、日本人ばなれしたプロポーションとおとなっぽい雰囲気が魅力的なバレリーナ。ゆったりした音楽と衣裳で踊るコーヒーの精は、彼女のエキゾティックな魅力を引き出します。
写真／瀬戸秀美

→ ドリアードの女王
アンナ・ニクーリナ（ボリショイ・バレエ）
　『ドン・キホーテ』の夢の場面で、ドルシネア姫とともに優雅な踊りを見せるドリアードの女王。アンナ・ニクーリナの愛らしい容姿としなやかな踊りは、キューピッドや森の精たちのなかでもひときわ輝きます。
写真／瀬戸秀美

↑ キューピッド　青山季可（牧阿佐美バレヱ団）
　キューピッドはもともと神話に出てくるキャラクター。妖精ではありませんが、その愛らしさで、とても人気があります。牧阿佐美バレヱ団の青山季可は、清楚な雰囲気がキューピッドにぴったり。軽い足さばきは、雲の上を歩いているようです。
写真／山廣康夫

おすすめの バレエDVD

ここで紹介している商品はすべて新書館ダンスビデオのものです　＊価格はすべて税抜
お問い合わせはフェアリーへ　☎ 03-3499-5541　http://www.fairynet.co.jp/

全幕

作品全体の雰囲気を
じっくり味わうなら
全幕DVDがいちばん！
厳選の14本をご紹介します

ボリショイ・バレエ 白鳥の湖

● 125分／2015年／¥4500

グリゴローヴィチが自身のバージョンを改訂した最新版。衝撃の結末に注目！ 主演はザハーロワとロジキン。

東京バレエ団 白鳥の湖

● 127分＋特典19分／2006年／¥5800

2006年世界バレエフェスティバルで上演されたゴールスキー版を収録。主演は上野水香とジョゼ・マルティネズ。

ワガノワ・バレエ・アカデミー くるみ割り人形〈全3幕エピローグ付〉

● 97分／2016年／¥4500

ワガノワ・バレエ・アカデミーの最新来日映像がDVDに。華やかな舞台セットや衣裳にも注目。

ボリショイ・バレエ くるみ割り人形

● 103分／2010年／¥4800

踊りの魅力を前面に出したグリゴローヴィチ版。ボリショイの実力を堪能できます。主演はカプツォーワとオフチャレンコ。

牧阿佐美バレヱ団 くるみ割り人形

● 101分／2009年／¥5000

楽しさいっぱいの三谷恭三版。金平糖の精を伊藤友季子、雪の女王を青山季可、クララは阿部裕恵、王子は京當侑一籠。

マリインスキー・バレエ ジゼル

● 92分／2010年／¥5000

ジゼルは強靭なテクニックとドラマティックな表現で魅了するオシポワ。アルブレヒトは音楽性豊かなサラファーノフ。

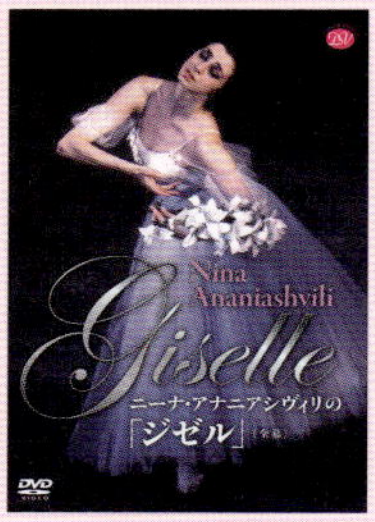

ボリショイ・バレエ ジゼル

● 113分／1991年／¥3600

ニーナ・アナニアシヴィリ28才のときの貴重な映像がDVDに。アルブレヒトはアレクセイ・ファジェーチェフ。

ボリショイ・バレエ 眠れる森の美女

● 137分／2011年／¥5000

改装したボリショイ劇場のこけら落とし公演。主演はザハーロワとボリショイ初の米国人プリンシパル、ホールバーグ。

ミラノ・スカラ座バレエ ライモンダ

● 152分／2011年／¥5000

プティパ最後の大作をヴィハレフが復元。マリインスキーのノヴィコワとシュツットガルトのフォーゲルがゲスト主演。

ボリショイ・バレエ ラ・バヤデール

● 126分／2013年／¥5000

マイムを排し踊りを増やしたグリゴローヴィチ版。主演はザハーロワとラントラートフ、ガムザッティはアレクサンドロワ。

ミラノ・スカラ座バレエ ドン・キホーテ

● 119分／2014年／¥3800

超絶技巧満載のヌレエフ版。主演はロイヤル・バレエのオシポワとミハイロフスキー・バレエのサラファーノフ。

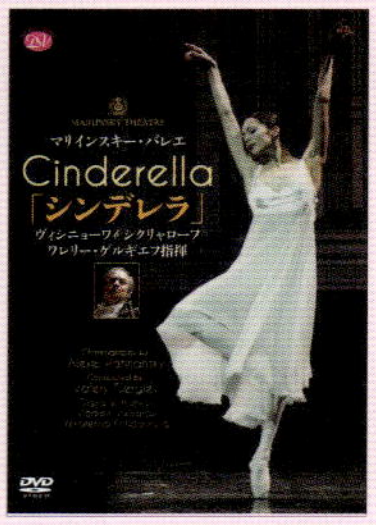

マリインスキー・バレエ シンデレラ

● 116分／2013年／¥4600

ヴィシニョーワのために振付けられたラトマンスキー版。王子役にシクリャローフ、継母役にコンダウーロワが出演。

スターダンサーズ・バレエ団 シンデレラ

● 111分／2009年／¥4600

ちょっぴり現代風にアレンジされた鈴木稔版。静かで美しいラストが心を打ちます。主演は林ゆりえと福原大介。

マリインスキー・バレエ ロミオとジュリエット

● 155分／2013年／¥4600

世界中で愛されるバレエ『ロミジュリ』の原点、ラヴロフスキー版。主演はヴィシニョーワとシクリャローフ。

レッスン

コンクールや発表会で踊るときは
ヴァリエーションや
マイムのポイントを
DVD でレッスン☆

ワガノワ・クラス

パ・ド・ドゥ・レッスンII デュエットで学ぶ「サタネラ」ほか

●70 分／2009 年／¥5600

『サタネラ』『コッペリア』『くるみ』のパ・ド・ドゥをコワリョーワらが指導。

イリーナ・ペレンと踊るヴァリエーション・レッスン

●55 分／2008 年／¥4600

オデット／オディール／オーロラ／キトリ／エスメラルダを、ペレンがお手本を見せながら指導！

ドロテ・ジルベール

パリ・オペラ座エトワールのバレエ・レッスン 上巻／下巻

●58・45 分＋特典 45・28 分／2011 年 各¥5200

ジルベールがふだん行っているレッスン内容を上下巻に収録。

Miyako レッスン

吉田都のエッセンス・バレエ・クラス

●65 分＋特典 10 分／2011 年／¥4800

吉田都の美しいデモンストレーションで行うバーと、体を正しく使うためのエクササイズを収録。

マラーホフのプレミアム・レッスン1・2・3

「ジゼル」「白鳥の湖」「眠れる森の美女」

●82・86・73 分＋特典 20・11・17 分／2009 年、2011 年／各¥4800

「踊る貴公子」マラーホフの特別レッスン。インタビューも。

パリ・オペラ座エトワール

マチュー・ガニオのノーブル・バレエクラス

●107 分＋特典 59 分 2013 年／¥5200

パリ・オペラ座メソッドのレッスンをガニオが実演！　指導はオペラ座教師ジル・イゾアール。

ヴァリエーション・レッスン9

「ドン・キホーテ」森の女王「眠り」オーロラ姫 ほか

●67 分／2011 年／¥5600

表題作のほか、『海賊』（奴隷のヴァリエーション）、『バヤデルカ』（ニキヤ）を収録。

ヴァリエーション・レッスン8

「せむしの仔馬」海と真珠「ジゼル」ペザント ほか

●61 分／2011 年／¥5600

『せむしの仔馬』（海と真珠の真珠、海の女王）ほかを収録。背面からの映像も！

ガラ／ドキュメンタリー

ガラ・コンサートや
ダンサーのドキュメンタリーには
バレエの新しい魅力が
つまってる！

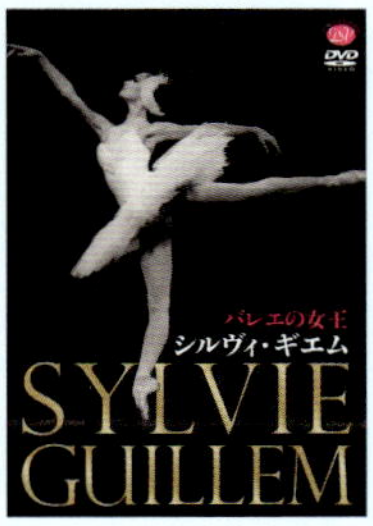

バレエの女王

シルヴィ・ギエム

●54 分／1993 年／¥3800

圧倒的なパフォーマンスで世界を席巻するギエムのドキュメンタリー。インタビューほか舞台映像も多数収録。

パリ・オペラ座

エトワールが教えるヴァリエーション・レッスン

●本編 91 分＋特典 50 分／2016 年／¥4600

オニール八菜とジェルマン・ルーヴェが実演。指導はバンジャマン・ペッシュ。

ワガノワ・バレエ・アカデミー

卒業公演

天使たちの旅立ち

●105 分／2011 年／¥5600

名門ワガノワの卒業公演を完全収録。『バヤデルカ』影の王国『パキータ』パ・ド・トロワほか全 10 作品。

ダニール・シムキン IN TOKYO

●84 分＋特典 10 分／2011 年／¥5000

ABT のスター、シムキンのドキュメンタリー。『ドン・キホーテ』の舞台を中心にレッスンや素顔も収録しています。

ディアナ・ヴィシニョーワ

サンクトペテルブルクの新星

●56 分／1995 年／¥3800

マリインスキーと ABT のスター、ヴィシニョーワのワガノワ時代を収めたドキュメンタリー。

ワガノワ・バレエ・アカデミー

バレエに選ばれた子どもたちの8年間

●73 分＋特典 16 分／2015 年／¥3800

入学試験、学校生活、進級テスト……。生徒たちの８年間を追った感動のドキュメンタリー。

フランス派バレエの300年

パリ・オペラ座＆バレエ学校ガラ

●122 分／2013 年／¥4400

フランス・バレエ誕生 300年を記念した特別公演。オペラ座のダンサーとバレエ学校の生徒たちが出演。

バレエ・グレイテスト・ヒッツ

～ユース・アメリカ・グランプリ・ガラ～

●111 分／2013 年／¥4200

バレエの名場面とともにフェリ、ガニオらが作品の魅力を語る！ バレエ名作案内としても魅力の１枚。

クララの本

新装版 バレエ・キャラクター事典

文／新藤弘子　絵／とよふくまきこ

2004年11月10日　初版発行
2015年 3 月 5 日　新装版 初版発行
2019年10月25日　第 3 刷

発行所：株式会社 新書館
編集／〒113-0024 東京都文京区西片 2-19-18
TEL 03-3811-2871　FAX 03-3811-2501
営業／〒174-0043 東京都板橋区坂下 1-22-14
TEL 03-5970-3840　FAX 03-5970-3847
振替 00140-7-53723
表紙・本文レイアウト：SDR（新書館デザイン室）
協力：新国立劇場バレエ団／スターダンサーズ・バレエ団
東京バレエ団／牧阿佐美バレヱ団
印刷・製本：加藤文明社

Printed in Japan　ISBN978-4-403-33060-5